U0062461

杨讷史学著作集

元代白蓮教研究

杨讷 著

上海古籍出版社

图书在版编目(CIP)数据

元代白莲教研究 / 杨讷著. —上海：上海古籍出版社，2024.5
(杨讷史学著作集)
ISBN 978-7-5732-1164-4

Ⅰ.①元… Ⅱ.①杨… Ⅲ.①白莲教—研究—元代
Ⅳ.①B946.8

中国国家版本馆 CIP 数据核字(2024)第 088090 号

杨讷史学著作集
元代白莲教研究
杨　讷　著
上海古籍出版社出版发行
(上海市闵行区号景路 159 弄 1-5 号 A 座 5F　邮政编码 201101)
(1) 网址：www.guji.com.cn
(2) E-mail：guji1@guji.com.cn
(3) 易文网网址：www.ewen.co
上海颛辉印刷厂有限公司印刷
开本 787×1092　1/32　印张 8　插页 2　字数 138,000
2024 年 5 月第 1 版　2024 年 5 月第 1 次印刷
ISBN 978-7-5732-1164-4
B·1396　定价：39.00 元
如有质量问题，请与承印公司联系

目 录

前　　言

白莲教产生于南宋初年，入元大盛，甚至传入高丽和日本。遍布各地的堂庵，人数众多的教徒，元廷对它的扶掖与禁止，它对元廷的依附与冲击，都说明白莲教是元代社会生活中一个不可忽视的佛教派别，有认真加以研究的必要。

我研究元代白莲教始于二十年前。1983 年我在中华书局出版的《元史论丛》第二辑上发表论文《元代的白莲教》，1989 年我编的《元代白莲教资料汇编》（以下简称《汇编》）也在中华书局出版。论文与《汇编》均引起一些反响。我对若干问题的看法（包括《汇编》的取名），有人赞同，也有人不以为然。经过反复考虑，我决定将论文扩充为专著。我需要修正一些错误，补充一些资料，进一步申述自己的某些看法，对不同意见作比较细致的讨论。这便是写作本书的意图。

在过去的论文里我曾谈到白莲教在南宋的情况，但资料准备不足，写得很简略，篇名不敢兼题宋代。现在这本书虽然在南宋部分有所增补，还是没有勇气在书名上加一个“宋”字，原因如故。

本书引用的白莲教资料大部分是《汇编》已经收入的，我在交代这些资料的出处时一并注明它们在《汇编》中的页码，以便持有《汇编》的读者查阅。

杨　讷

二〇〇三年岁末于北京

第一章
白莲教的产生

- 创建人茅子元
- 建教的简单经过

白莲教产生在南宋初年，渊源于佛教净土宗。

白莲教创始人俗姓茅，名子元，吴郡昆山（今属江苏）人。父母早亡，少年时代投本郡延祥寺出家，十九岁落发，习止观禅法。据传，他在延祥寺为僧二十多年，有一天在禅定中听到乌鸦叫声，豁然悟道，随即口颂四句偈言："二十余年纸上寻，寻来寻去转沉吟。忽然听得慈鸦叫，始信从前错用心。"由此开始，茅子元致力于创建一个新的教派，迅速取得成绩。几年以后，他在淀山湖建白莲忏堂，"劝诸男女同修净业，自称白莲导师，坐受众拜"。[①] 这样就产生了一个新的佛教宗

① 志磐《佛祖统纪》卷四八《法运通塞志》（《汇编》页280）。

派——白莲宗，即白莲教，时间是在宋高宗绍兴（1131—1162）初年。

北宋、南宋之交，社会动乱不安，反映在宗教信仰上，出现一些异端教派。当时在宋地流传的，不仅有早已被官方斥为“吃菜事魔”的摩尼教（明教），还有像白云宗（产生于徽宗大观年间，比白莲教早出几十年，创始人为孔清觉）那样的非正统佛教宗派，不同地区又有名目繁多的小教派。[①] 官方害怕这些教派在地方上聚众闹事，均视为“事魔”，予以禁止。因此，当白莲教作为佛教异军突起一隅时，很快遭到与摩尼教、白云宗相同的厄运，被打入“事魔”行列。茅子元在四十六岁那年被流放到江州（今江西九江）。但是，白莲教并没有因此停止传播。茅子元对自己的创教事业抱有坚强的信心，“逆顺境中未尝动念”，依旧“随方劝化”。过了若干年，白莲教在江州一带逐渐传开。茅子元“化七万之缁流，修十六之妙观，久无间断”，引起官府重视。孝宗乾道二年（1166），已经是太上皇的赵构（高宗）在调阅了江州官府的奏议以后，一变过去的政策，召茅子元赴京。诏书称茅子元“专修净业，委有道行”，

① 参看陆游《条对状》，《渭南文集》卷五，见《陆游集》，中华书局，1976 年，页 2015。

令地方官府送他“回禁苑讲演”，“仍敕八字：宗师到处，代朕亲行”。茅子元到了京城临安（今浙江杭州），被高宗召见于德寿殿，“演说净土法门”，赐号“白莲导师、慈照宗主”，随后在西湖昭庆寺“祝圣谢恩”。佛事完毕，回到昆山。白莲教“从此宗风大振”，但茅子元本人已届高龄，不久即去世。①

根据元代白莲教僧人普度（1255—1330）在《庐山莲宗宝鉴》和熙仲在《历朝释氏资鉴》中的记述，茅子元创建白莲教的经过大致如此。

茅子元的事迹，宋人留下的记载极少。普度慨叹道：“如慈照宗主，道化盛行于世，王臣僧俗悉皆崇向，念佛得道者甚众，及观诸传录中都不备载，无文可考。”《庐山莲宗宝鉴》所记茅子元事迹，多是普度自己“搜访”得来的。事隔百余年，传闻难免失真；普度以教徒记其教主事迹，溢美、隐讳也都有可能。《庐山莲宗宝鉴》所述并非全都可信。下面我们将会比较普度所记与别人记述的异同。

---

① 《庐山莲宗宝鉴》卷四，《慈照宗主》（《汇编》页85）；熙仲《历朝释氏资鉴》卷一一（《汇编》页273）。两书都记赵构召见茅子元于德寿殿，但后书系事于绍兴三年。查德寿宫址初为秦桧宅第所在，桧死，高宗“乃即第筑新宫，名德寿。绍兴三十二年，禅位于孝宗，迁居之”（田汝成《西湖游览志》卷一四）。《释氏资鉴》误。

第二章
白莲教的历史渊源和教义

- 白莲教源于净土宗
- 弥陀经典的要旨
- 东晋慧远对弥陀净土念佛的提倡
- 净土宗的形成
- 从唐到宋的净土念佛结社
- 白莲教的教义和组织

从上引茅子元的四句偈言看，他的思想并无新奇之处。这四句偈言词意浅陋，难怪正统的天台宗僧侣指斥他“偈言四句有类于樵歌”，又说他的著述“率皆鄙薄言辞”。[①] 然而，这并不妨碍他具有突出的布教才能和组织才能，也不妨碍他以创教者的身份从事著述。相反，正是因为言辞“鄙薄”，通俗易晓，使

① 志磐《佛祖统纪》卷四八《法运通塞志》（《汇编》页281）。

他更能深入社会，扩散影响。他的著述不少，仅据普度著录，就有《白莲晨朝忏仪》、《圆融四土三观选佛图》、《西行集》、《弥陀节要》、《法华百心证道歌》、《风月集》、《净土十门告诫》等多种。这些著作没有流传下来，但普度在《庐山莲宗宝鉴》中屡有介绍，而且引了他的许多语录，从中仍可窥见其设教的大概。

就主要的教义讲，白莲教直接承袭了佛教净土宗。中国佛教的净土信仰，主要分弥勒净土和弥陀净土两个法门，前者礼念弥勒佛，后者礼念阿弥陀佛，各有自己的经典。两者的共同点是信仰某个净土的存在，以"往生"净土为修行宗旨。这个净土，在弥勒派是指弥勒所在的兜率天，在弥陀派是指阿弥陀佛所在的西方极乐（一译安乐）世界。东晋时，提倡弥勒净土念佛的是道安(314—385)，提倡弥陀净土念佛的是慧远（334—416)，两派并驾齐驱，难分轩轾。东晋以后，弥勒净土信仰渐趋衰微，弥陀净土信仰则经北魏昙鸾、陈隋智觊、隋唐道绰、唐善导等人的发展提倡，影响愈益扩大，"郁为净土之正宗"。[1] 因此，虽然中国佛教

---

① 汤用彤《汉魏两晋南北朝佛教史》下册，页577。杨伯达《曲阳修德寺出土纪年造像的艺术风格与特征》："曲阳修德寺出土的纪年造像是由释迦、弥勒像占主要地位，逐渐让位给弥陀佛。……无量寿佛、弥陀佛开始出现在北齐之后，到隋代已超过弥勒像的数目。……这种供养对象的变化绝非偶然，可能是反映了曲阳地方僧俗人们在北朝统治下佛教信仰的变迁。这种变迁与龙门石窟是一致的——由释迦、弥勒转向无量寿佛、弥陀佛。"(《故宫博物院院刊》总2期，1960年。)

的净土信仰主要分两家，但隋唐以来世人所说的净土宗，乃专指弥陀净土一派。

早在三国时代，已有汉译的弥陀经典问世。先是月支[1]人支谦在孙吴译出《佛说阿弥陀三耶三佛萨楼佛檀过度人道经》(即《阿弥陀经》，后世又称《大阿弥陀经》)，随后又有曹魏康僧铠于嘉平四年（252）译出《无量寿经》(亦称《大无量寿经》)。两经实为同一经典的不同本子。阿弥陀是梵文的音译，无量寿是意译。据《阿弥陀经》，从前有个国王出家为僧，名号昙摩迦（《无量寿经》译作法藏)，为了救度世上苦难众生，他发愿修行，要建设最理想的清净庄严佛国。他立下二十四愿(《无量寿经》作四十八愿)，誓言如有一愿未能实现，自己“终不作佛”(《无量寿经》译作“不取正觉”)。在《阿弥陀经》的二十四愿中，第五、六、七愿是讲众生怎样可以往生佛国的，其文作：

> 第五愿。使某作佛时，令八方上下诸无央数天人民及蜎飞蠕动之类，若前世作恶，闻我名字，欲来生我国者，即便返正自悔过，为道作善，便持经戒，愿欲生我国不断

① 月支是古代游牧部族，曾在中亚建立国家。

绝，寿终皆令不复泥犁禽兽薜荔，即生我国，在心所愿。得是愿，乃作佛；不得是愿，终不作佛。

第六愿。使某作佛时，令八方上下无央数佛国诸天人民若善男子善女人，欲来生我国，用我故益作善，若分檀布施，绕塔烧香，散华然灯，悬杂缯采，饭食沙门，起塔作寺，断爱欲，斋戒清净，一心念我，昼夜一日不断绝，皆令来生我国作菩萨。得是愿，乃作佛；不得是愿，终不作佛。

第七愿。使某作佛时，令八方上下无央数佛国诸天人民若善男子善女人，有作菩萨道，奉行六波罗蜜经，若作沙门，不毁经戒，断爱欲，斋戒清净，一心念欲生我国，昼夜不断绝，若其人寿欲终时，我即与诸菩萨阿罗汉共飞行迎之，即来生我国，则作阿惟越致菩萨，智慧勇猛。得是愿，乃作佛；不得是愿，终不作佛。

以上三愿在《无量寿经》中列于四十八愿的第十八、十九、二十愿，其文作：

设我得佛，十方众生至心信乐欲生我国，乃至十念，若不生者，不取正觉。唯除五逆诽谤正法。（第十八愿）

> 设我得佛，十方众生发菩提心，修诸功德，至心发愿欲生我国，临寿终时，假令不与大众围绕现其人前者，不取正觉。(第十九愿)
>
> 设我得佛，众生闻我名号，系念我国，植众德本，至心回向欲生我国，不果遂者，不取正觉。(第二十愿)

仅就这三愿的文字看，两经的差异不少，《无量寿经》对欲生佛国者的规定比《阿弥陀经》简约许多。但《无量寿经》有四十八愿，是《阿弥陀经》二十四愿的两倍。其他四十五愿有光明无量愿、寿命无量愿、天眼天耳愿等等，行文格式与以上三愿相同，从不同方面为佛国的庄严美妙立下誓愿。

法藏后来终于成佛，其国土在遥远的西方，国名安乐，就是后世佛教徒们津津乐道的西方极乐世界。《无量寿经》对西方安乐国的美好有大段描述（《阿弥陀经》亦是），并把愿生其国的世人分做上、中、下三辈。上辈指“舍家弃欲”的僧人；中辈指能够“奉持斋戒，起立塔像，饭食沙门，悬缯然灯，散华烧香”（这些都是“功德”）的俗人；下辈指“不能作诸功德”的俗人。三辈人都是“一向专念无量寿佛”的，故而都能往生西方佛国，但因他们对佛的贡献大小不同，佛给他们的待遇也高低有别。上辈之人“临寿终时，无量寿佛与诸大众现其人前，即随彼佛往生其国，便于七宝华中自然化生，住不退转，智慧勇猛，神通自在”。中辈之人“临终，无量寿佛化现其身，光明相好具如真佛，与诸大众现其人前，即随化佛往生彼国，住不退转，功德智慧次如上辈”。下辈之人“临终，梦见彼佛，亦得往生，功德智慧次如中辈”。同是临终往生，现于上辈人面前的是真佛，现于中辈人面前的是佛的化身，而下辈人只是梦见彼佛。到佛国后，上、中辈人都“住不退转”(即永远不退回到以前凡夫的地位)，下辈人却不能。佛经的作者生活在等级森严的阶级社会里，所以在他们设计的佛国里仍然保持等级差别。如果考虑到决定中、下辈之分的仅在有无钱财“大修功德”上，可以说，佛是偏爱有钱的信徒的。

《无量寿经》又说，在无量寿佛的国土里“有二菩萨最尊第一，威神光明普照三千大千世界”，这两个菩萨“一名观世音，二名大势至，此二菩萨于是国土修菩萨行，命终转化，生彼佛国”。《阿弥陀经》译观世音为盧楼亘，大势至为摩诃那钵，说他们“常在佛左右坐侍正论，佛常与是两菩萨共对坐议八方上下去来现在之事”。在后来译出的《观无量寿经》中，每当阿弥陀佛现身时，便有观世音、大势至分侍左右，他们被后世称为“净土三圣”。

为了衬托西方佛国的美妙安乐，《阿弥陀经》、《无量寿经》

都有大段文字描述人世间的罪恶与痛苦。这些描述很真实，容易激发人们的厌世情绪，产生对佛国净土的憧憬。

自从译出两经，对阿弥陀佛净土的信仰便逐渐传开。在慧远之前，东晋名僧支道林（314—366）写了《阿弥陀佛像赞》，其序文称：

佛经记西方有国，国名安养，回辽迥邈，路逾恒沙，非无待者，不能游其疆，非不疾者，焉能致其速？其佛号阿弥陀，晋言无量寿。国无王制班爵之序，以佛为君，三乘为教，男女各化育于莲华之中，无有胎孕之秽也。馆宇宫殿，悉以七宝，皆自然悬构，制非人匠。苑囿池沼，蔚有奇荣，飞沈天逸于渊薮，逝寓群兽而率真，阊阖无扇于琼林，玉响天谐于箫管，冥霄陨华以阖境，神风拂故而纳新，甘露征化以醴被，蕙风导德而芳流，圣音应感而雷响，慧泽云垂而沛清，学文喻兮而贵言，真人冥宗而废玩，五度凭虚以入无，般若迁知而出玄，众妙于兹大启，神化所以永传。别有经记以录其懿，云此晋邦，五末之世，有奉佛正戒，讽诵《阿弥陀经》，誓生彼国，不替诚心者，命终灵逝，化往之彼，见佛神悟，即得道矣。遁生末踪，忝厕残迹，驰心神国，非所敢望。乃因匠人，图立神表，仰瞻高仪，以质所天，咏言不足，遂复系以微颂。①

支道林名遁，俗姓关，陈留（今河南开封南）人。家世奉佛，二十五岁出家，活动于江南地区。好谈玄理，与谢安、王羲之等交游。他这篇序文勾出了弥陀信仰的要义，表述了对西方佛国的向往，所差的是他没有发誓要往生西方，却说“非所敢望”，故而后世叙述净土宗的历史很少提到他。

净土宗以慧远为始祖，但在慧远那个时代净土宗实际上并未形成。慧远俗姓贾，雁门楼烦（今山西宁武附近）人。初学儒、道，成绩优异，人称“博综六经，尤善老、庄”。二十一岁至恒山，拜道安为师，出家为佛徒。三年后独立讲经。后随道安至襄阳，又住荆州。时值乱世，战火连年。晋孝武帝太元六年（381），慧远入庐山，住东林寺，此后三十余年“影不出山，迹不入俗”，直到去世。他鼓吹神不灭论，认为人死形尽而其神（灵魂）不灭，又宣扬三世（现世、来世、后世）报应说，为中国佛教奠定了神学基础。在这样的理论基础上，他大力提倡弥陀净土法门。晋安帝元兴元年（402）七月二十八日，

① 《中国佛教思想资料选编》第1卷，第68页，石峻等编，中华书局，1981年。

慧远集刘遗民等僧俗一百二十三人，在阿弥陀佛像前建斋立誓，共期往生西方。由刘遗民执笔的誓文称：

> 维岁在摄提格，七月戊辰朔，二十八日乙未，法师释慧远贞感幽奥，霜怀特发，乃延命同志息心贞信之士百有二十三人，集于庐山之阴般若云台精舍阿弥陀像前，率以香华敬荐而誓焉。推斯一会之众，夫缘化之理既明，则三世之传显矣；迁感之数既符，则善恶之报必矣。推交臂之潜沦，悟无常之期切；审三报之相催，知险趣之难拔。此其同志诸贤，所以夕惕宵勤仰思攸济者也。盖神者可以感涉，而不可以迹求。必感之有物，则幽路咫尺；苟求之无主，则渺茫何津？今幸以不谋而佥心西境，叩篇开信，亮情天发。乃机象通于寝梦，欣欢百于子来。于是云图表晖，影侔神造，功由理谐，事非人运，兹实天启其诚，冥运来萃者矣。……然复妙观大仪，启心贞照，识以悟新，形由化革。藉芙蓉于中流，荫琼柯以咏言；飘云衣于八极，泛香风以穷年。……究兹道也，岂不弘哉！①

① 《中国佛教思想资料选编》第1卷页125引《高僧传》卷六《慧远传》。

这次集会焚香立誓，被后世认为是白莲社的创建。但距今六十年前汤用彤已指出，莲社之名中唐以后才见于记载，应非东晋时已有。[①] 近年有学者用大量史料证明，东晋南北朝时期佛教信徒结成的团体多称作邑或邑义，也有称为法义的，并不称社，故而慧远所创建的这个立誓往生西方的团体不可能以社为名。[②] 汤用彤又认为，立誓文中提到“芙蓉”，“或为后世莲社说之本”。我以为，这个推论是不必要的。无论誓文中之“芙蓉”或后世之莲社说，均源于《无量寿经》中以下一段文字：

> 佛言：八方上下无央数佛国诸天人民及蜎飞蠕动之类，诸生阿弥陀佛国者，皆于七宝水池莲华中化生。

于莲花中化生意味着已生阿弥陀佛国，这是慧远等人与后世莲社共同追求的目标。

慧远活了八十三岁，他的宗教活动是多方面的，既有理论又有实践，且善于同王公贵族官员文士打交道，身处乱世而应付裕如，以很高的声望来提倡弥陀净土念佛。后世净土宗尊他

---

① 《汉魏两晋南北朝佛教史》上册，页 261。

② 郝春文《东晋南北朝时期的佛教结社》，《历史研究》1992 年第 1 期。

为始祖，可谓当之无愧。

就在慧远、刘遗民等立誓往生西方之前半年，后秦僧人鸠摩罗什（344—413）在长安译出另一部《阿弥陀经》，此经二千五百字，篇幅仅支谦所译《阿弥陀经》的十分之一，故而有“小经”之称。它撇开法藏立愿成佛的经过，直接赞美西方极乐世界，然后反复号召“众生闻者应当发愿，愿生彼国”。经文称：

> 若有善男子、善女人，闻说阿弥陀佛，执持名号，若一日，若二日，若三日，若四日，若五日，若六日，若七日，一心不乱，其人临命终时，阿弥陀佛与诸圣众现在其前。是人终时，心不颠倒，即得往生阿弥陀佛极乐国土。

“小经”因其小，便于流传，后来与康僧铠译的《无量寿经》、刘宋畺良耶舍译的《观无量寿经》（简称《观经》）并列为净土三经。

畺良耶舍是西域僧人，他在南朝宋文帝元嘉元年（424）至建康（今江苏南京），《观无量寿经》大约译于其后十余年间，比鸠摩罗什译《阿弥陀经》晚二三十年。《观无量寿经》

的特点就在一个“观”字上。“观”的意思是观想，要在想象中看到阿弥陀佛及其左右的观世音、大势至菩萨，看到佛土的光明美妙。按照此经的说法，阿弥陀佛及其极乐世界不是一般凡夫能够见到的，因为凡夫“心想羸劣，未得天眼，不能远观”，只有借助“佛力”才能看到。那么佛是怎样使凡夫做到这一点呢？佛教导众生说：

〔众生〕应当专心系念一处，想于西方。云何作想？凡作想者，一切众生自非生盲，有目之徒皆见日没，当起想念，正坐西向，谛观于日欲没之处，令心坚住，专想不移。见日欲没，状如悬鼓。既见日已，闭目开目，皆令明憭。是为日想，名曰初观。

由这初观开始，佛一连讲了水想、地想、树想、八功德水想、总观想、华座想、像想、遍观一切色身想、观观世音菩萨真实色身想、观大势至色身想、普观想、杂想、上辈生想、中辈生想、下辈生想，共十六种观想。熙仲在《历朝释氏资鉴》中说茅子元“修十六之妙观”，修的就是这十六种观想。修这种观想，有什么功用呢？根据《观经》，可说是妙用无穷。例如“地想”，《观经》说：

> 若得三昧，见彼国地，憭憭分明，不可具说，是为地想，名第三观。……若观是地者，除八十亿劫生死之罪，舍身他世，必生净国，心得无疑。

又如第八观“像想”，先想阿弥陀佛金光闪闪坐在莲华上，继想观世音在左，大势至在右，也各坐莲华上。“此想成时，佛、菩萨像皆放光明，其光金色，照诸宝树。……作是观者，除无量亿劫生死之罪，于现身中得念佛三昧。”

这种从想象到想象的修习方法，完全脱离客观现实世界，其除罪的功效也无从检验，但能引诱修习者进入一种冥想状态，从而获得现代宗教学者所说的宗教经验，成为忠实的信仰者。

《观无量寿经》的影响力在北魏僧人昙鸾（476—542）身上得到充分表现。昙鸾是雁门（治今山西代县）人，少年出家，研读佛典。后于梁武帝大通（527—529）年间往江南访著名道士陶弘景（456—536），求长生不死法，得“仙方”十卷。北归途中在洛阳遇印度译经僧人菩提流支，谈起长生不死法，菩提流支告诉他世上没有长生法，即使多活些年，仍摆脱不了轮回之苦。菩提流支给昙鸾一部《观无量寿经》，教他“依之修行，当得解脱生死也”。昙鸾烧了从陶弘景那里得到的“仙方”，从此崇奉阿弥陀佛，提倡弥陀净土信仰。

昙鸾著作有《往生论注》等数种。他的学说主要是教人相信阿弥陀佛，要借助阿弥陀佛四十八愿的力量（“本愿力”），努力修持，达到往生净土的目的。他强调阿弥陀佛形相和名号的特殊作用，以为信众只要忆念阿弥陀佛形相，十次心念或口念“南无（归命）阿弥陀佛”或“南无无量寿佛”，最终便能往生净土；即使是犯了五逆十恶的人，临命终时做到十念，同样有效。昙鸾自称他的修行方法是最容易办到的，是所谓“易行道”，舍此便是“难行道”。昙鸾的学说为后来净土宗的建立奠定了思想基础。

在昙鸾之后，弥陀净土信仰又经陈隋智顗（538—597）、隋唐道绰（562—645）等人的提倡，至唐代善导（613—681）才正式形成净土宗。善导之后，净土宗再经唐少康（？—805）、宋省常（959—1020）、遵式（964—1032）、宗坦（1038—1114）等人的发扬，才有白莲教的创立。这些人（除了道绰）的生平事迹，普度在《庐山莲宗宝鉴》第四卷里都有介绍，不必一一复述。对于本书读者来说，了解了昙鸾的学说，也就为了解白莲教的大旨取得了门径，因为净土宗实在没有多少学理可言。昙鸾的后继者虽众，但他们的功夫多做在如何称念阿弥陀佛名号上。这些后继者主要追求信徒的数量，并以念佛的方式和次数衡量信徒的诚信度。在这方面，道绰是个突出的例子。据《续高僧传》卷二〇《道绰传》，道绰教人念弥陀佛名，“或用麻、豆等物而为数量，每一称名便度一粒，如是率之乃积数百万斛”。数百万斛豆子，该是多少粒呢？该传又说道绰本人“才有余暇，口诵佛名，日以七万为限”。四个字或六个字日念七万遍，如何念得完呢？

公认的净土宗实际创始人是善导，他是道绰的弟子，俗姓朱。他幼年出家，受戒后依《观无量寿经》修十六妙观。贞观十五年（641）赴并州（今山西太原）访道绰，道绰进一步向他讲授《观经》奥义。他持戒极严，专心念佛，力竭方休。

善导的最重要著述是《观无量寿佛经疏》四卷，他通过疏解经义阐述自己对弥陀净土是报土还是化土、凡夫能不能入等问题的见解，主张净土是报土，凡夫依靠弥陀的本愿力能入报土。这就为净土宗的最后形成确定了教法。不过，善导认为凡夫虽能入报土，自己必须诚心修行，终生礼拜并称名忆念弥陀，回向发愿，无止无休。善导为此还写了《往生礼赞偈》、《净土法事赞》、《观念法门》等书，规定了念佛修行的具体仪式和方法。弥陀净土后来广泛流行，同善导为凡夫进入净土大开方便之门是分不开的。

说到宣扬弥陀净土信仰，还可以提一下少康。少康宣扬弥陀净土的方法可谓一绝。《宋高僧传》称少康在唐德宗贞元（785—804）年间到睦州（今浙江建德）化人：

> 洎到睦郡，入城乞食得钱，诱掖小儿能念阿弥陀佛一声即付一钱。……如是一年，凡男女见康则云“阿弥陀佛”。①

这个故事，普度在《庐山莲宗宝鉴》里也讲了，而且改述为：“小儿务得其钱，念佛者众。师曰：‘念佛十声乃与一钱。’如是一年，大小贵贱凡见康者则曰‘阿弥陀佛’。于是念佛之人盈溢道路。”其他净土宗史传也收了这个故事，简直是拿笑话当佳话讲。

净土念佛的确是“易行道”。善导说：“唯有径路修行，但念阿弥陀佛。”与茅子元同时代的净土念佛修行者王日休说：

> 故此十念法门，人皆可以通行。譬如久为暗室，一灯照之，则为明矣。故虽杀牛屠马之人，放下屠刀，亦可以修。所以修者不难，亦不妨一切俗事。故在官不妨职业，

① 《宋高僧传》卷二五《唐睦州乌龙山净土道场少康传》。

> 在士不妨修读，在商贾不妨贩卖，在农人不妨耕种，在公门不妨事上，在僧徒不妨参禅。凡一切所为，皆不相妨。故曰，其修持工夫，见于早晨一茶之顷耳，遂可以为万劫不坏之资，人何为而不修乎！①

净土宗就是靠兜售廉价的天堂门票赚取了大量信徒。

虽然净土宗真正的创建者是善导，但后来信奉者均以慧远为始祖。慧远结社（我们已知，当初并不叫社）念佛的事迹，一直被净土宗僧侣视为楷模。唐代的善导、法照、少康都曾建立道场，聚众念佛。到了宋代，净土宗流传愈广，结社念佛之风盛行。哲宗绍圣元年（1094），元照说："近世宗师公心无党者，率用此法（指结社念佛。——引者）诲诱其徒，由是在处立殿造像，结社建会，无豪财，无少长，莫不归诚净土。"② 士大夫阶层的一些人，也积极参加结社念佛活动。例如，淳化（990—994）间释省常在杭州西湖昭庆寺建立净行社，"朝贤高其谊，海内藉其名，由是宰衡名卿邦伯牧长又闻公之风而悦之。……三十余年，为莫逆之交，预白莲之侣者凡一百二十三

① 《龙舒增广净土文》卷一。

② 《无量院造弥陀像记》，《乐邦文类》卷三。

人。……士夫预会皆称净行社弟子”。[①] 再如，四明承天寺僧本如（982—1051）“慕庐山之风，与丞相章郇公（章得象。——引者）诸贤结白莲社”，所居庵址“六七年来遂成巨刹。……仁宗钦其道，遂赐名为白莲”。[②] 后来结社愈来愈多地由在家的信徒主持，结社场所也从寺院伸展到民宅。如徽宗时处士王衷结白莲社，作文告谕说：“……今衷谨于居处结白莲社，募人同修，有欲预者，不限尊卑贵贱、士庶僧尼，但发心愿西归者，普请入社也。”[③]

宋室南渡前后，兵火疠疫频仍，现实生活的苦难进一步助长人们对彼岸世界的向往，结社念佛之风更盛于前。绍兴三年（1133），僧法忠作文记衡山建弥陀塔，一开始就说：

> 於戏，生灵之苦，莫苦于杀戮也。爰自数年以来，寇盗四起，兵火交作，其遭非理殒亡、横尸堕首、填于沟壑者，盖不可胜数也。加复疫气流作，民亦苦之。有信士郑子隆者，夙怀善种，悲念特发，观斯罹乱之苦，知怨业之有对也，以怨报怨，安能已矣哉？断惟佛力可以拯济也，

① 智圆《钱唐白莲社主碑》，《乐邦文类》卷三。
② 《佛祖统纪》卷一二《神照本如法师》。
③ 宗晓编《乐邦遗稿》卷下《王朝散劝修西方文》。

> 乃运精诚，结同志者万人，共念西方极乐世界阿弥陀佛尊号四万八千藏。[1]

这段话说出了当时结社念佛之风盛行的社会背景和思想基础；正是这样的社会背景和思想基础，产生了茅子元的白莲教。

和上述那些白莲社一样，白莲教仍然崇奉阿弥陀佛，仍以往生净土为修行宗旨。茅子元依据弥陀经典，编写了《弥陀节要》。他宣扬“念念弥陀出世，处处极乐现前”。[2] “念念”即“念念不忘”，白莲教又有“念念不忘于净土，心心不离于弥陀”[3] 的话。按照他的说法，弥陀、净土是修行者明心见性的产物，即所谓“悟自性弥陀，达唯心净土”，[4] 这是人人可以做到的，关键是靠“自信、自行、自修、自度”。[5] 茅子元给自己确定的使命，就是以这样的信仰“普化在家清信之士”。[6] 为了争取最大量的信徒，他在教义宣传、修持仪式和教门组织上都作了一番创新。

---

① 《南岳山弥陀塔记》，《乐邦文类》卷三。
② 《庐山莲宗宝鉴》卷二《离相三昧无住法门》（《汇编》页35）。
③ 《庐山莲宗宝鉴》卷一《深信因果》（《汇编》页27）。
④ 《庐山莲宗宝鉴》卷七《念佛正愿说》（《汇编》页115）。
⑤ 《庐山莲宗宝鉴》卷六《修进功夫》（《汇编》页101）。
⑥ 普度《上白莲宗书》，《庐山复教集》卷三（《汇编》页178）。

最能体现茅子元在教义宣传方面的特点的，是他制作的《圆融四土三观选佛图》。这大概是唯一比较完整地保存下来的茅子元作品，收在《庐山莲宗宝鉴》第二卷中，被普度誉为“开示莲宗眼目”之作。“四土”即凡圣同居土、方便有余土（《图》作方便胜居土）、实报无障碍土（《图》作实报庄严土）、常寂光土（《图》作常寂光净土）。这原是天台宗对佛土划分的等级，依次而上，最上等的是常寂光土。“三观”即空观、假观、中观，天台宗讲“一心三观”，是它特有的认识论。普度在《宝鉴》卷二第九节《天台念佛三昧三观法门》，引天台宗创始人智𫖮的话，对“三观”作了解说。所谓圆融，即圆满融会。茅子元出身天台宗，故而他要把天台宗的一些思想融会到他的净土学说中。他用佛像、图形来表现四土，在图像旁附以比喻、偈言，再在图像下置一表格，填入三观所得的智和修行所得的果等等。他把四土依次比作“如荫序出身”（凡圣同居土）、“如边功出身”（方便胜居土）、“如科选出身”（实报庄严土）、“如灌顶王子出身”（常寂光净土），又逐一注明“三光具足”、“如星之光”、“如月之光”、“如日之光”。于方便胜居土的表格中填入“一切智”、“破见思惑”（这是修空观所得），在实报庄严土的表格中填“道种智”、“破尘沙惑，分破无明”（这是修假观所得），在常寂光净土的表格中填“一切种智”、

“破三惑尽”（这是修中观所得）。茅子元还画了一个“圆融四土总相之图”（见图一），附的偈语是“自性弥陀佛，唯心净土机……世情看冷暖，人面逐高低”。天台宗的一些思想经茅子元这样圆融自然变得不伦不类，所以志磐说：“所谓《四土图》者，则窃取台宗格言，附以杂偈，率皆鄙薄言辞。”但是，这些图像、表格、偈言、比喻，肯定比智颛等人玄奥的佛理说教好懂多了，更能吸引处于社会下层的信徒。茅子元对凡圣同居土（见图二）作的一段说明是最容易懂的：

此土皆是僧俗男女人等，但有信愿念佛，皆得往生。不断烦恼，不舍家缘，不修禅定，但念佛名，临终弥陀接引。一生净土，便获神通，入无生忍。①

在修持仪式方面，茅子元著有《白莲晨朝忏仪》，规定了一套礼佛忏悔的仪式。现在无法知晓这套仪式的全貌，只能从《庐山莲宗宝鉴》看到一些片断。在茅子元以前，以制忏仪著名的，有天台宗僧人遵式，他制作了《往生净土忏愿仪》、《观音忏仪》、《金光明忏仪》等七种忏悔仪法，故号慈云忏主。这

① 入无生忍，意为安住于无生无灭的境界而不动心。

慈照宗主圓融四土選佛圖序 十九

夫寂光同居，一智無殊，情生彼此，見有親疎。觀面了色、空性如如，本無二路，自見妙靈。吾不如是，一體毗盧，先須識本，免被茶糊。行有行相，智有智模，願有願力，進有程途。惺惺寂寂，如淨明珠，照徹心體，凡聖同途。四土合轍，三身一如，頭頭淨土，處處阿彌。且山僧因見四土混亂無綸，智轉行融，致使利鈍不分，因果俱失，只言淨土，不知淨土高低，只說唯心，不知心之深淺，故見諸家相毀，各執一邊，誰知自破宗風，非魔能壞。今則略開一線，述出四圖，削去迷情，頓明心地，然後河沙法界該收一紙之中，無量法門出乎方寸之内耳。

圓融四土總相之圖

自性彌陀佛，唯心淨土機。悟來唯一念，
迷後歷三祇。折攝二門設，聖凡一路歸。
世情看冷暖，人面逐高低。

图一

凡聖同居土

三　光

具　足

如蔭序出身

凡聖情差智有殊，須憑修證契毗盧。恐人力少行疲倦，權指西方住半途。

橫出三界少人知，易修易往勿狐疑。塵垢未除求解脫，一心信願念彌陀。

臨終正念分明去，三朝七日預知時。既生淨土常聞法，何愁不得悟心機。

願三宗勝情具十橫須陀洹八凡
見念出尺
不德用劣煩成三及其人之聖
未就
退迷體應除惱生界天所見身居

此土皆是僧俗男女人等，但有信願念佛，皆得往生。不斷煩惱，不捨家緣，不修禪定，但念佛名，臨終彌陀接引。一生淨土，便獲神通，入無生忍。

图二

些忏仪，就像一本本剧本，既写有念诵的词句，又教给如何行礼动作，连场面的布置也有交代，照着去演，有声有色。茅子元参考前人忏法，制成自己的忏法。志磐说，茅子元的《晨朝忏》“撮略慈云七忏，别为一本，不识依何行法”。[①] 拿保存在《庐山莲宗宝鉴》中的茅子元的部分忏文与遵式的《往生净土忏愿仪》[②] 相比，至少可以看出茅子元把遵式那种不易记诵的发愿文变成了便于背诵的口号式诗句。普度说：

> 故我慈照集忏，恐人着事迷理，乃云：“自性众生誓愿度，自性烦恼誓愿断，自性法门誓愿学，自性佛道誓愿成。”此四句直明真理，欲令一切人于自性中度了一切妄念，众生所谓邪迷杂想，贪痴嫉妒，嗔恚恶毒等心，故令发大誓愿自性自度也。[③]

从后来白莲忏法能够“流通于世”[④] 来看，茅子元大约对整个忏仪作了进一步的简化。此外，还要指出，尽管茅子元的忏仪

① 《佛祖统纪》卷四八《法运通塞志》（《汇编》页 281）。

② 见频伽精舍校刊本《大藏经》阳十一。

③ 《庐山莲宗宝鉴》卷七《念佛正愿说》（《汇编》页 114）。

④ 《上白莲宗书》（《汇编》页 178）。

带有“晨朝”两字，白莲教礼忏并不限于早晨，而是早晚都做。茅子元在《弥陀节要》中说：“念佛之人……常须念佛，早晚专心礼拜弥陀，如朝帝王，两不失时。”①

白莲教的戒律与佛教其他宗派的戒律没有多大不同。它对徒众的基本要求是三皈（皈佛、皈法、皈僧）五戒（不杀生、不偷盗、不邪淫、不妄语、不饮酒）。② 五戒中最重要的是不杀生，茅子元写过戒杀颂；③ 就连站在对立面的志磐，也说白莲教“戒护生为尤谨”。④ 既要护生，自需素食，故而白莲教徒被人称为“白莲菜人”，信奉白莲教就被贬称为“茹茅阇黎菜”。⑤

茅子元最大的创新是在组织方面。先前的白莲社，参加者之间只是松弛的“社友”关系，即使在主持人和一般参加者之间也是如此。各地的念佛结社，除了信仰上的共同性以外，没有组织上的关系。白莲教则把这种关系发展为师徒关系、宗门关系。茅子元力图使他的淀山湖白莲堂成为永久的教派中心。他自称导师，坐受众拜。当白莲教有了一定程度的发展以后，

---

① 《庐山莲宗宝鉴》卷七《慈照宗主示念佛人发愿偈并序》（《汇编》页117）。

② 《上白莲宗书》（《汇编》页178）。

③ 《庐山莲宗宝鉴》卷六《放诸生命》（《汇编》页105）。

④ 《佛祖统纪》卷五四《事魔邪党》（《汇编》页281）。

⑤ 《释门正统》卷四《斥伪志》（《汇编》页280）。

他又规定以“普、觉、妙、道”四字为信徒“定名之宗”，由此确立分散在各地的信徒之间的宗门关系，并进一步加强他作为一个教门祖师爷的地位。普度非常看重此举对白莲教发展的作用，他说：

> 故我祖师欲令大地众生见本性弥陀，达唯心净土，普皆觉悟菩提之妙道，乃立“普觉妙道”四字为定名之宗。观夫四字一镜，洞照无边，同一体用。何以知其然？总而言之，喻如人之一身而有头目手足为其用也，未尝有一而可分也。自非愿广悲深，而孰能取信于天下后世哉！窃尝论之曰：等众生界名曰普，智达斯理名曰觉，德用无边名曰妙，千圣履践名曰道。又，普者即自心周遍十方之体也，觉者即自心智照不迷之用也，妙者即自心利物应机之行也，道者即自心通达中正之理也。……
>
> “普觉妙道”之说岂徒言哉？盖谓人人皆可作佛，不以僧俗之间，不以利钝之分，无彼此，无高下，等一性而已。[1]

---

① 《庐山莲宗宝鉴》卷四《念佛正派说》（《汇编》页64）。

茅子元本人是出家的僧人，但他以“普化在家清信之士”即最大限度地接纳门徒为宗旨，并不要求俗人出家，这便产生了一大批特殊的职业白莲教徒。他们不像一般信众那样各有营生，而是靠从事教务吃饭；他们又不同于一般的佛教僧人，因为他们可以娶妻生子，叫做“在家出家”。人们把他们叫做“道人”。“道人”一词在历史上曾经是对佛教僧人的称谓，[①] 用来称呼职业白莲教徒很合适，既能标出他们属于奉佛之人，又能把他们同出家的僧人分开。在元人的记载中还有称他们为“佛者”、“学佛人”、“不剃染道人”、“有发僧”的。白莲教也有出家的僧人，但为数甚少，故而宗鉴、志磐把有无妻子作为白莲宗与白云宗的一大区别。

综上所述，可以看出白莲教与先前的净土念佛结社的确有很大不同。简要地说，这是一个色彩鲜明，更有组织，更有活力，更易推广的世俗化佛教流派。它在社会下层能够迅速传播，并不偶然。它被正统的天台宗僧人目为“事魔邪党”，并且在创建初期一度遭到官方禁止，也属事出有因。但是，从本质上讲，白莲教与佛教的其他宗派没有什么差别。它并不号召反抗现存的社会秩序，相反，它力图用启示心、性的办法诱导

---

① 钱大昕《道人道士之别》，《十驾斋养新录》卷一九。

信徒顺从现存的社会秩序。它许给信徒的仍然是虚幻的彼岸世界。它所宣扬的《四土图》，浸透了封建的等级观念。茅子元本人与徒众的关系，也是严格的等级关系。在白莲教的教义中没有任何革命的进步的因素。攻击茅子元最猛烈的志磐也只是说他“号白莲，妄托于祖；称导师，僭同于佛；假名净业，而专为奸秽之行”，说到底，不过是讲茅子元妄诞而已。因此，决不能把白莲教看成被压迫被剥削者的宗教。

第三章
南宋后期和元代前期的白莲教

- “白衣展转传授，不无讹谬”
- 宗鉴、志磐对白莲教的贬斥
- 官府查办白莲堂的三个案例
- “处处有习之者”
- “南北混一，盛益加焉”

按照熙仲的记述，茅子元在乾道二年（1166）被高宗召见以前，已经在江州一带取得“化七万之缁流”的成绩。但这只是熙仲一人的说法，得不到印证。在茅子元去世前后，白莲教究竟流传到什么程度，实在是很难讲的。乾道六年八月七日，诗人陆游在入蜀途中经过江州，有如下的记事：

七日，往庐山，小憩新桥市，盖吴蜀大路。……自江州至太平兴国宫三十里，此适当其半。是日，车马及徒行者憧憧不绝，云上观，盖往太平宫焚香，自八月一日至七日乃已，谓之白莲会。莲社本远法师遗迹，旧传远公尝以一日借道流，故至今太平宫岁以为常。东林寺亦自作会，然来者反不若太平之盛，亦可笑也。①

陆游是敏感的诗人，旅途观察入微，记下不少新鲜事物。如果茅子元所创白莲教已在江州周境广泛流传，陆游在讲到白莲会时应会带上一笔。文中既谓道教太平兴国宫举办白莲会“岁以为常”，则其会仍是传统的白莲会，并非茅子元传播的白莲教。其后九、十两日，陆游又记他在东林寺的游览，还是没有提到白莲教。所以说，熙仲关于茅子元在江州一带“化七万之缁流”的记载未必可信。

今人所见最早提到白莲教的文字，或许要算李守谦的《戒事魔诗》。此诗见于《嘉定赤城志》卷三七《风土门》，共十首：

劝尔编氓莫事魔，魔成铲地祸殃多。家财破荡身狼藉，看取胡忠季子和。

① 《入蜀记》，见《陆游集》，页2432。

白衣夜会说无根，到晓奔逃各出门。此是邪魔名外道，自投刑辟害儿孙。

金针引透白莲池，此语欺人亦自欺。何似田桑家五亩，鸡豚狗彘勿违时。

莫念双宗二会经，官中条令至分明。罪流更溢三千里，白佛安能救尔生。

生儿只遣事犁锄，有智宜令早读书。莫被胡辉相引诱，此人决脊尚囚拘。

蚩蚩女妇太无知，吃菜何须自苦为。料想阿童鞭背后，心中虽悔可能追。

仙居旧有祖师堂，坐落当初白塔乡。眼见菜头头落地，今人讳说吕师囊。

贫贱家家必有尊，如何舍祖事魔神。细思父母恩难报，早转头来孝尔亲。

肉味鱼腥吃不妨，随宜茶饭守家常。朝昏但莫为诸恶，底用金炉爇乳香。

官家为是爱斯民，临遣知州诲尔谆。愿尔进知庠序教，怕嫌尔做事魔人。

据王国维查考，李守谦即李兼，开禧三年（1207）知台州（今属浙江），次年卒。① 诗如作于台州任上，则上距陆游作《入蜀记》已三十余年。此诗主要是针对摩尼教和吃菜事魔的，但“白莲池”与摩尼教无关，很可能是指白莲教。此时白莲教在台州流传，并与摩尼教一起被当地官府指为“事魔”而遭禁止，是完全有可能的。但也仅仅是可能，因为李守谦的诗极其模糊。

及至十三世纪三十年代，出现了天台宗僧人宗鉴写的《释门正统》，该书卷四《斥伪志》有段话专讲白莲教：

> 所谓白莲者，绍兴初吴郡延祥院沙门茅子元曾学于北禅梵法主会下，依仿天台，出《圆融四土图》、《晨朝礼忏文》，偈歌四句，佛念五声，劝诸男女同修净业，称白莲导师。其徒号白莲菜人，亦曰茹茅阇黎菜。有论于有司者，加以事魔之罪，蒙流江州。后有小茅阇黎复收余党，但其见解不及子元，又白衣展转传授，不无讹谬，唯谨护生一戒耳。

宗鉴，钱塘良渚（今浙江杭州余杭县）人。《释门正统》参仿历代正史体例，分本纪、世家、志、传、载记五部分。其

① 《摩尼教流行中国考》，载《观堂别集》卷一。

《斥伪志》讲了摩尼、白莲、白云三个教门，在讲白云宗时还特别指出“其徒甚广，几与白莲相混，特以妻子有无为异耳”。宗鉴的立场与白莲教是敌对的，但他的话还算客观，他承认茅子元有点见解，没有给茅子元乱栽诬语。他强调白莲教徒多是有妻子的，指出茅子元身后的白莲教“不无讹谬”是因“白衣”（在家的俗人）展转传授而造成的，这些话也符合事实。但是，宗鉴所述与七十年后普度在《庐山莲宗宝鉴》中的记述有明显的不同：在宗鉴笔下，茅子元是自称“导师”，不存在高宗召见茅子元这回事；在普度书里，则有高宗召见一节，“导师”尊号是高宗所赐，非茅子元自称。谁的话可信？很难断定。由于两人立场不同，宗鉴固然可能阉割真相，普度也有可能伪造历史。在这种情况下，我曾倾向于兼采两说，即认为茅子元先自称“导师”，而后又有高宗的召见赐封。这样也许可以比较合理地解释白莲教初创时遭遇的“法难”和其后的日益发展。但这仅仅是推论，未必一定合乎事实。

在《释门正统》刊印三十年后，宋度宗咸淳五年（1269，元世祖至元六年），另一个天台宗僧人志磐著成《佛祖统纪》，其卷四八《法运通塞志》也讲到白莲教：

吴郡延祥院僧茅子元者，初学于梵法主，依仿台宗，

> 出《圆融四土图》、《晨朝礼忏文》，偈歌四句，佛念五声，劝诸男女同修净业，自称白莲导师，坐受众拜。谨葱乳，不杀，不饮酒，号白莲菜。受其邪教者谓之传道，与之通淫者谓之佛法。相见傲僧慢人，无所不至。愚夫愚妇转相诳诱，聚落田里皆乐其妄。有论于有司者，正以事魔之罪，流于江州。然其余党效习，至今为盛。（《释门正统》）

《佛祖统纪》是在南宋景迁《宗源录》和宗鉴《释门正统》两书的基础上增编而成。上引这段文字，志磐自注取自《释门正统》，实际上只有前一部分来自《释门正统》，自“谨葱乳”三字开始全是志磐所加。《释门正统》原书犹存，哪有“受其邪教者谓之传道，与之通淫者谓之佛法”这些话？在这段文字下面，志磐又发了一通议论：

> 议曰：嗟夫，天下之事未尝无弊也。君天下如禹、汤而有桀、纣，相天下如周、召而有〔李〕斯、〔王〕莽，道本老、庄而有〔赵〕归真、〔林〕灵素，释本能仁而有〔孔〕清觉、〔茅〕子元，信三教皆有其弊也。所谓《四土图》者，则窃取台宗格言，附以杂偈，率皆鄙薄言辞。《晨朝忏》者，则撮略慈云七忏，别为一本，不识依何行

> 法。偈吟四句则有类于樵歌，佛念五声则何关于十念。号白莲，妄托于祖；称导师，僭同于佛。假名净业，而专为奸秽之行，猥亵不良，何能具道。嗟夫！

志磐与宗鉴对待白莲教，一斥为伪，一斥为邪，基本态度一致，但两人对茅子元的评论却有明显的不同。宗鉴多少还承认茅子元有些见解，志磐则直指茅子元“专为奸秽之行，猥亵不良”。比较起来，宗鉴的话要持平一些，而志磐所言，人身攻击的味道极重，不仅在宗鉴那里得不到证实，也不符合白莲教传播的实际情形。《四库全书总目》为《佛祖统纪》写的提要称该书“大旨以教门为正脉，而莲社、净土及达摩、贤首、慈恩、灌顶、南山诸宗仅附见于志，龂龂然分门别户，不减儒家朱、陆之争”。[1] 志磐狭隘到连正统的净土宗都要贬抑，自然更难容忍白莲教。

志磐在同书卷五四《历代会要志》中又说：

> 今摩尼尚扇于三山，[2] 而白莲、白云处处有习之者。

① 《四库全书总目》卷一四五《子部·释家类存目》。

② 三山，今福建福州。

大抵不事荤酒，故易于裕足；而不杀物命，故近于为善。愚民无知，皆乐趋之，故其党不劝而自盛。甚至第宅姬妾为魔女所诱，入其众中，以修忏念佛为名而实通奸秽。有识士夫，宜加禁止。[1]

这段文字前有“良渚曰：此三者皆假名佛教以诳愚俗，犹五行之有沴气也”二十三字。良渚即宗鉴，故而顺着二十三字读下来，也可以把上引这段文字看作宗鉴的话。但与《释门正统》对比，这段文字对白莲、白云的攻击远较宗鉴为烈，应是志磐自己的话。这段话讲了白莲、白云、摩尼三者不事荤酒、不杀物命是“其党不劝而自盛”的原因。“处处有习之者”这句话值得注意，它明白无误地告诉读者，白莲教（还有白云宗）在南宋末传布极广，远远超过摩尼教。同样值得注意的是“有识士夫，宜加禁止”的告诫，从正面读，这八个字无疑表明了志磐本人坚决反对白莲等三教的立场，但反过来看，恰恰透露出当时南宋官方对三教并没有十分明确的禁令，否则志磐用不着对“有识士夫”提出这样的告诫。我这样讲，并非完全出于推理，而是有事实为证的。下面我们来看现今仅见的三个查禁白

① 《佛祖统纪》卷五四《历代会要志》（汇编页 281）。

莲堂的案例。

第一个案例见于理宗景定（1260—1264）年间成书的《名公书判清明集》卷一四《惩恶门·妖教》，书判题为《莲堂传习妖教》，作者蔡久轩。下面是书判全文：

> 按敕：吃菜事魔，夜聚晓散，传习妖教者绞，从者配三千里，不以赦降原减二等。又敕：诸夜聚晓散，以诵经行道为名，男女杂处者，徒三年；被诱之人杖一百。又敕：非僧道而结集经社，聚众行道，各杖一百。法令所载，昭如日星。今有犯上敕令，而又横敛众财，擅行官法，假立官品，自上名号，如张大用者，其可恕乎？当司职在观风，方欲严行禁戢，而张大用者自因缚打罗湖院僧，事败到官，是天厌其恶，使之败露。今详案款，其罪有七：传习魔教，诈作诵经，男女混杂，罪一；巧立名色，胁取钱米，假作献香，强人出售，罪二；自称尊长，自号大公，聚众罗拜，巍然高坐，罪三；布置官属，掌簿掌印，出牒陛差，无异官府，罪四；假作御书，诳惑观听，以此欺诈，多取民财，罪五；甚至撰为魔术，阴设奸谋，疾病不得服药，祖先不得奉祀，道人于不孝，陷人于罪戾，罪六；擒打僧徒，藏伉锁缚，呼啸俦侣，假作军装，横行外

地，自已可骇，公然管押入京，出没都下，罪七。置无砖席，胡跪膜拜，则有金鸡仰面之称；设无砖床，男女混杂，则有铁牛犁地之丑。聚会不法不道徒党实繁，啸聚成屯，究其设意，不无包藏，祸根不除，将为大害。张大用系为首人，决脊杖五十，刺面，配二千里州军牢城，照条不以赦原。刘万六系次为首人，决杖三十，不刺面，配一千里州军牢城。李六二僭称大公，丁庆二僭称主簿，并勘杖一百，编管邻州，差官录问讫，押赴本司断。夏道主乃敢于灵芝门外聚集，免根究，帖县逐出州界。张五十、李道免根究，日下改业。所有上件三处忏堂，帖县改作为民祈雨旸去处，并从侧近寺院差行者看守。其会下说诱胁从之徒，初非本心，亦非素习，无问已追到未追到，已供摊未供摊等人，并免坐罪，更不追唤，仰日下改弃邪习，仍为良民，归事父母，供养祖先，以保身体，以保妻子，以保生理，如再敢聚集，定行追断。帖引巡、尉、隅、保常切觉察，遍榜诸州县。

蔡久轩名杭（《宋史》卷四二〇本传误杭为抗），字仲节，久轩是其号，福建建阳人。绍定二年（1229）进士，官至参知政事，开庆元年（1259）卒。他在淳祐十一年（1251）由江东提刑调任浙东。《清明集》收蔡杭书判七十二篇，提到的地点多为饶州（今江西波阳）、信州（今江西上饶），有确切时间的为淳祐八年、十年各一篇，故知这些书判均写于江东提刑任上。由此可以推知张大用案发生的大致时间与地点。这篇书判所述较详，但一次未提莲堂或白莲。如果不是在篇目上标出“莲堂”，我们完全看不出张大用等同白莲教有什么关系。张大用等人的姓名、称号、活动均不具备白莲教的特征。当然，张大用等的三处忏堂自称莲堂定是事实，蔡杭不可能作伪。但是，蔡杭给张大用等定罪并非因为他们是白莲教徒或托称白莲教，而是因为他们的行为（七罪）。蔡杭引了三条敕文，没有一条是直指白莲教的，这是因为南宋朝廷根本没有宣布过一条直指白莲教的禁令（读者从本书后文可以看到，元、明两朝是怎样禁白莲教的）。这篇书判也没有指摘白莲教，只是说张大用等取名莲堂的忏堂在传习妖教、魔教。至于什么是宋人所说的魔教，那是学术界数十年来一直争论不休的问题，本书不准备讨论这个问题。这里只提请读者注意一点：撇开僧人、文士个人的议论不计，在现存的宋朝律令中没有见到指白莲教为魔教的条文。

第二个案例见于吴雨岩的书判《痛治传习事魔等人》，在《清明集》中紧排在蔡杭的《莲堂传习妖教》之后，这里也全文引出：

白佛载于法，已成者杀；黄巾载于史，其祸可鉴。饶、信之间，小民无知，为一等妖人所惑，往往传习事魔，男女混杂，夜聚晓散。惧官府之发觉，则更易其名，曰我系白莲，非魔教也。既吃菜，既鼓众，便非魔教亦不可，况既系魔教乎？若不扫除，则女不从父从夫而从妖，生男不拜父拜母而拜魔王，灭天理，绝人伦，究其极则不至于黄巾不止。何况绍兴间饶、信亦自有魔贼之变，直是官军剿灭，使无噍类，方得一了。若不平时禁戢，小不惩，大不戒，是罔民也。今照通判所申，道主祝千五决脊杖十二，刺配五百里；祝千二、十三、仇百十四各杖一百，编管邻州。阿毛杖六十，以为妇人无知者之戒。阿何责付其兄别嫁。私庵毁拆，如祝千二、十三、祝百一庵舍或有系坟庵，因而置立，则去其像；或有系神庙，因而会聚，则问其所事，若血食之神勿去，如或否，则系素食之神，不碍祀典者，移其神于寺舍，而去其庙。牒通判录问讫行，仍请备榜。

吴雨岩名势卿，字安道，福建建安人，雨岩是他的号。淳祐元年（1241）进士，后来也任过江东提刑，[①] 年份不明。这份书判明言祝千五案发生在饶、信地区，与张大用案相同。书判称祝千五等“传习事魔，……惧官府之发觉，则更易其名，曰我系白莲，非魔教也。”祝千五等传习事魔，为防官府拿办而易名白莲，吴势卿判处祝千五等，需要指出他们名白莲实为魔教，可见白莲教不是魔教，白莲教是合法的。以此判断再读蔡杭的书判，可知蔡杭并非说莲堂即妖教，而是说张大用等假借莲堂传习妖教（魔教）。

吴势卿说“绍兴间饶、信亦自有魔贼之变”，应该是指建炎四年（1130，次年为绍兴元年）信州贵溪的王念经之变。史载王念经等“以左道聚愚民至十余万”，声震朝廷，历两月被官兵镇压。当时官方称王念经等为“饶、信魔贼”、“妖贼”、“妖盗”、“妖寇”。[②] 由王念经到张大用、祝千五，中间虽隔百余年，在信仰上似乎仍有传承关系。难题是在他们究竟崇奉何方神祇。分析一下吴势卿对祝千五等所奉神像的处置，也许有助于解答这个难题。吴势卿先把神像分为立于私庵的和立于庙宇的两类，立于私庵的拆除；再把立于庙宇的分为血食之神

① 据《宋史》卷四二五《赵景纬传》。
② 见何竹淇编《两宋农民战争史料汇编》下编，页138—142。

(吃荤的）和素食之神两类，血食之神保留，素食之神而不碍祀典的移至寺舍，言下之意当然是素食之神中有碍祀典的拆除。对吴势卿不言何神而是将神分类处置的做法只能有一个解释，即事魔者供奉的神祇多而且杂，无法一一点名，只好分类解决。至于素食之神再分两类，想是与事魔者的"吃菜"特征有关。吴势卿的这份书判也许能为我们提供一把解开宋代"魔教"之谜的钥匙。

我们掌握的第三个案例是抚州的一个白莲堂。大约在度宗咸淳八年（1272），抚州知州黄震（1213—1280）在给上司某侍郎写的《申安抚司乞拨白莲堂田产充和籴状》中讲到：

> 本州之和籴乃至十万石，……自三年、四年、五年、六年、七年以来，岁岁积欠，既苦人户，亦亏官籴。……近因除去妖邪，毁撤巢穴，估到东馆白莲堂田业，众情欢然，皆谓侍郎必将此田拨入和籴之庄，更为锦绣乡邦宽民之赐，虽估藉之帐未了，而欢诵之口已腾。①

此状写于《佛祖统纪》成书后三四年，宋亡前六七年。没收一

① 《黄氏日抄》卷七五（《汇编》页283)。

个莲堂的田产竟能使一州之民受惠，这个莲堂的田产一定相当可观，由此也可想到这个莲堂存在的年头不会很短。抚州（治今江西临川）与饶、信相邻，该案发生的时间与张大用、祝千五两案相距不太远，是否可以推测该案的性质与张案、祝案差不多呢？很不好说，因为黄震提供的情况太少了。

一些莲堂被人用来传习魔教，自然增加了白莲教的复杂性，使人难辨真伪。但是，这种情况在宋亡前大概还不普遍，故而尚未影响白莲教的合法地位。在史籍中反映得更多的是白莲教的公开传播。德祐二年（1276）庐陵（今江西吉安）人刘辰翁（1232—1297）写的《虎溪莲社堂记》讲了庐陵一个莲社的情况：

> 方山在青原东，东山西，泷江出其左，村江出其右，方山之泉出山下，山束为峡，委蛇循峡左右赴二江，是为虎溪。元年冬十二月，余避地虎溪，主萧氏诸君幸哀我，馆且谷我。余惟世方乱，蓬累而行，瓜牛以居，揭揭焉载其木主而无所可祭。一日步行田间，得精庐曰莲社，欣然蹶然，就而腊焉。社友十余，中堂高洁，佛祖咸在。道人觉就可晤语请记。余谓道人：莲社本远公庐山，庐山前则亦虎溪也，远送客未尝过虎溪。谢灵运求入社不纳。而往

来渊明，山水隐映，醉醒两相得，非以其徜徉方外，世味薄耶？……余尤以贫似渊明，独诵其诗辞，百世下仿佛求一语不可得，以此愧恨。天其以余畸于彼而合于此，牵帅山水至此逋播耶？何虎溪同，莲社同，道人相得又同。志为此堂记，甲子则余与渊明命也。……此堂起咸淳二年，静观居士萧公某创为之。……是年为德祐二年，二月戊午社。

上引文字据文渊阁《四库全书》本《须溪集》卷三，原文错讹甚多，勉强点读，但不妨碍我们了解这个莲社。据顾祖禹《读史方舆纪要》卷八七，青原山在庐陵东南十五里。庐陵在宋为吉州治，吉州与抚州接壤。该社创建于咸淳二年（1266），至德祐二年已历十年。建社者为居士，请刘辰翁作记的道人名觉某，社的中堂立佛像，合乎白莲教堂庵面目（参看下章）。刘辰翁是景定三年（1262）进士，以文章见重当时，德祐元年（1275）除太常博士，道阻未赴。这篇堂记著于二年二月戊午（二十二日），正值宋廷降元后十余日。这个莲社的历史可以证明白莲教在宋末的合法性。那时遍布各地的白莲教堂庵绝大部分与这个虎溪莲社相似，因被“魔教”、“妖教”用以藏身而被官府撤毁的必定是少数。咸淳年间白莲教发展很快，《庐山莲宗宝鉴》撰者普度于丹阳创庵修白莲也在咸淳间。志磐在咸淳间撰《佛祖统纪》，称白莲教“处处有习之者”绝非虚言，此话还为白莲教在北方的传播所证实。

现在不很清楚，白莲教从什么时候起传到北方。一个可能是在蒙古灭金（1234）之前，根据是蒙古国大臣耶律楚材（1190—1244）在己丑年（1229，窝阔台元年，金正大六年，宋绍定二年）写的《西游录序》。此序收在《湛然居士文集》卷八，其中有这样一段话：

> 夫杨朱、墨翟、田骈、许行之术，孔氏之邪也。西域九十六种，此方毗卢、糠、瓢、白经、香会之徒，释氏之邪也。全真、大道、混元、太一、三张左道之术，老氏之邪也。

1981年中华书局出版的向达先生校注的《西游录》，改序文中的“白经”为“白莲”，向先生并且指出即白莲教。向先生说他依据的是日人神田信畅1926年在日本宫内省图书寮发现的日抄本《西游录》的王国维重抄本，说日抄本应出自元刊本。如果向先生所说不差，经他改正的序文不仅证明白莲教在金亡前已经传入北方，还表明耶律楚材在宗鉴、志磐之前已经斥白莲教为邪教了。然而“白经”未必是“白莲”之误，因为我们今天习用的《四部丛刊》本《湛然居士文集》也是根据影元抄本影印的。而且，“白经”一名不为无稽。王恽《忠武史公祠堂碑铭》讲到太宗时赵地的情形说：

> 会赵郡莠民共倡为白衣经会，煽七县间，不逞之徒因端窃发，以至蚁动蜂聚，伺昧啸凶。[①]

颇疑“白经”即白衣经会的简称，就像“糠”为糠禅之简称。顾名思义，白衣经会应是在家俗人聚合念经的组织。如果此说可以成立，则难断言金亡之前白莲教已传入北方。但是，白莲教在宋亡以前已在北方流传则是确凿无疑的。

危素《无量寿庵记》说：

> 京师寅宾里有无量寿庵者，居士屠君所建也。君名文正，更名觉缘，山阳人，事其亲至孝。至元元年，大兵驱至开平，日夕思念其母，南望悲泣，时年廿有七矣。因礼僧性道者为师，绝荤酒，持五戒，诵佛名号，冀与母遇。

① 《秋涧先生大全文集》卷五五。

> 始自五年正月元日，日诵《妙法莲华经》，至初八日竟。又始自五月朔，日一食，周月竟，九月朔亦如之。行住坐卧，叫佛一声，恍然如见其母。恒以清旦诵四圣真诠，临暮礼白莲宝忏，夜礼佛，千拜乃寐。十有一年，还至大都。明年，师事苹庵满禅师于庆寿寺，满号之曰居士。时宋已内附，疆宇混一，私喜可见其母，亟驰书候之，则知北来之明年母已没矣。居士擗踊号恸，若不能生，乃卜六月癸未，集善信百余人，建白莲社。①

屠文正按白莲教方式修行始于世祖至元五年（1268）即宋度宗咸淳四年，正是志磐撰《佛祖统纪》的时候。屠文正师名性道，本人更名觉缘，礼习《白莲宝忏》，说明他们确系白莲教徒，只是屠文正自建莲社的时间晚些。宗鉴说的白莲教“处处有习之者”这句话，在南宋末也适用于蒙元统治下的北方。

元朝统一南北以后，白莲教得到进一步发展。成宗大德（1297—1307）年间，刘埙说：

> 远公开莲社，更十数代，历十数百载，远矣而寖盛。

① 《危太朴文集》卷四（《汇编》页269）。

南北混一，盛益加焉。历都过邑无不有所谓白莲堂者，聚徒多至千百，少不下百人，更少犹数十。栋宇宏丽，像设严整，乃至与梵宫道殿匹敌，盖诚盛矣。①

英宗至治元年（1321），吴澄也说：

佛法之外，号曰莲教，历千年而其教弥盛，礼佛之屋遍天下。②

一说“历都过邑无不有”，一说“遍天下”，均非夸张其词。仅据本书所引资料，当时北起开平（今内蒙古自治区正蓝旗东），南抵柳州，东达松江，西至成都，东南及于福建建宁，以至辇毂下、太庙旁，都有白莲教的踪迹；其徒众之多，影响之大，可想而知。

白莲教在元代前期如此兴盛，固然有它在宋末的发展为基础，但元政府对它的扶助也起了重要作用。众所周知，对各种宗教采取宽容政策是成吉思汗制定的蒙古国策，在战争过程中

① 《水云村泯稿》卷三《莲社万缘堂记》（《汇编》页256）。

② 《会善堂记》，见《永乐大典》卷七二四二引《抚州罗山志》（《汇编》页266）。

宗教人士总是受到保护，汗廷视他们为替汗告天祝寿的工具。这个政策历数朝不变，故而南宋地区的白莲教绝不会因朝代鼎革而趋衰微。我们看到，世祖至元年间白莲教是自由发展的，而被目为白莲教之“祖宗”的庐山东林寺在成宗时一再受到政府封赏。当时主持东林的是僧祖訚，他“自号悦堂，族南康周氏”，于至元三十年“被命迁东林”。“东林大刹，而恒产素薄，屋坏弗治，师（祖訚）以所受施资置田若干亩，葺殿堂门庑，使之一新。”[①] 元贞元年（1295）正月，述明居士燕觉道破衣和尚奉成宗诏旨赐东林寺“白莲宗善法堂，护持教法”。同年，祖訚“奉诏赴阙，入对称旨”，被赐“白莲宗主、通慧大师”称号，“并金襕法衣，以荣其归”。大德五年（1301）十月，成宗又“颁降御香、金旛到寺”。[②] 由于东林寺在白莲教中占有特殊地位，善法堂被称为“善法祖堂”，“白莲宗主”的赐号也一直为东林寺的主持者拥有，在祖訚离东林去杭州西湖灵隐寺后由普度继承。[③]

在元政府奖掖下，昆山淀山湖白莲堂这个白莲教真正的祖

---

① 黄溍《灵隐悦堂禅师塔铭》，《黄金华文集》卷四一（《汇编》页265）。不知何故，黄溍不言祖訚被赐白莲宗主事。

② 《庐山莲宗宝鉴叙》（《汇编》页10）。

③ 同上。

堂，香火也很旺盛。当时该堂属普光王寺，寺内还保留着茅子元昔年使用的禅室。[①] 在普度弟子果满于仁宗时编的《庐山白莲正宗昙华集》中，有《淀山湖》诗若干首，其二首曰：

淀山湖里白莲峰，万顷波间涌梵宫。烁烁慈光辉法界，红尘那得到其中。

淀山湖里白莲堂，正是西方佛道场。一句分明瞒不得，山门题号普光王。[②]

淀山湖白莲堂与庐山东林寺善法堂保持着密切的关系，教中人把两者看作一脉相承，有"碧淀水通庐阜水"[③] 的美言。《昙华集》又有《淀山白莲》诗这样赞颂庐山——淀山湖的事业：

淀山湖里白莲根，元是庐山正派分。东晋一花呈瑞后，千枝万叶遍乾坤。[④]

---

① 《庐山复教集》卷下《朝贤宿衲赞颂·松江天寿住持月江正印》（《汇编》页199）。

② 《汇编》页236。

③ 《庐山复教集》卷下，《朝贤宿衲赞颂·月江正印》（《汇编》页199）。

④ 《汇编》页237。

第四章

白莲教的堂庵和道人

- 五堂三庵面面观
- 娶妻生子的道人
- 一个儒者的颂词
- 白莲教之外的净土信仰

“千枝万叶遍乾坤”——这句诗展现了白莲教在元代的兴盛景象，吐露出盛况之下白莲教徒的气舒意满。但是，尽管白莲教以庐山东林寺和淀山湖普光王寺为主干，构成其千枝万叶的却不是像东林寺、普光王寺那样由出家僧人主持的佛寺，而是由在家的道人主持的堂庵。元代白莲教的浩大声势，是由它为数众多、遍布各地的堂庵造成的。这些堂庵或者建自宋代，或者是元代新创。上面我们已经介绍过宋末江西庐陵的虎溪莲社堂，那个堂估计不会因为朝代鼎革而废止，下面介绍几个元代的白莲教堂庵。

一、邵武和平里报德堂

邵武，今属福建。谢枋得《宁庵记》：

张仁叔葬本生母于邵武县和平里鹤巢原。墓去故庐百步，有田四十亩，岁收禾三百秤，有蔬圃竹林，悉施以养莲社报德堂佛者。命周觉先主之，择其徒一人守冢。扁其庐曰宁庵，合考妣二亲而祠。春秋荐苹蘩，寒食酒麦饭，悉于田园收之。守冢人执祀事如法，请张氏子孙主祭。其为宁亲谋亦远矣。仁叔垂涕洟而告某曰："子知宁庵之义乎？予幼失怙恃，本生母、义父收张氏孤教育之，使成人。本生母、义父捐世，予无以酬恩，此庵之所以志予无涯之戚也。……惟孝子仁人知棺美而椁厚，土深而木密。人谓吾亲可以妥灵幽扃矣，予恐不足恃，所恃守冢有其人。守冢者不足恃，所恃莲社佛者为之主。莲社佛者不足恃，所恃者有田园以养其生。田园不足恃，所恃造物有以鉴予之心。予之报亲者诚有罪，予之思亲者实可闵。昊天明明，岂不能使吾亲魂魄少宁乎！子盍为我记之。"①

① 《叠山集》卷七（《汇编》页250）。

谢枋得（1226—1289），信州弋阳（今属江西）人，字君直，号叠山。宋理宗宝祐四年（1256）举进士。德祐元年（1275，元至元十二年）以江东提刑、江西招谕使知信州（今江西上饶），抵抗元兵。据《宋史》本传及李道源撰《文节先生谢公神道碑》，[①] 次年信州失陷，枋得负母弃家入闽，寓居建阳，“隐于卜”。至元二十六年他被强征至大都，绝食死。建阳与邵武相邻，《宁庵记》当是谢枋得作于建阳卖卜时。

宋人重视先辈茔墓，以僧人或道士守墓是当时流行的风气。清人全祖望说：“设为寺、庵、院之属以守墓，宋人最盛。”[②] 用僧、道守墓，需有田租供养，这自然只有殷实人家能够做到。在宋元人的文集中常见到这样的事例。例如，胡炳文（1250—1333）的《宏山庵祠堂记》讲了德兴（今属江西）胡伯龙去世后，其子本初、本中、本固等在嘉泰二年（1202）为父立墓创庵的经过。该庵名宏山，“初命僧智圆居之，庵田二十亩，初、中益为三十，岁得米六十石，六之五饭僧，一赋于官”。宏山庵传了百余年，到元仁宗皇庆二年（1313）胡氏后人“尝撤是庵而新之”，仍用僧人居庵，还增加了田产。[③] 张仁

---

① 《叠山集》卷一六。

② 《宝积庵记》，《鲒埼亭集》外编卷二一。

③ 《全元文》卷五五一。

叔创建宁庵的用意和办法与胡氏的宏山庵相同，但用了不同身份的守冢人。胡氏用僧人，张仁叔用的是莲社报德堂“佛者”周觉先之徒。这个周觉先用俗姓，依茅子元规定的“普、觉、妙、道”的觉字取名，其堂标明“莲社”，可以确定是在家出家的白莲道人。在谢枋得的同时代人刘黻（1217—1276）撰写的《从姑刘氏墓志》中，我们还看到乐清（今属浙江）刘氏墓祠也是“治田以相莲社”。[①] 可见当时雇白莲道人守墓并非个别现象。在雇主们看来，以白莲道人守墓与以僧人守墓具有同样的功效。为人守墓成了白莲道人生计的一部分。推想报德堂遗徒为人守墓应不止宁庵一处。

谢枋得《叠山集》卷一四尚有《凤林新建莲堂疏》、《虎溪莲社道堂修诸天阁疏》、《东山白莲堂修造疏》、《永福堂塑佛像》、《仁寿堂化装塑佛像疏》、《白莲社经堂疏》诸篇，都是为白莲教堂庵写的。其中的永福堂，地在顺昌（宋属南剑州）西岩，亦邻近建阳。文云：

> 西方极乐国，福在西岩；南无阿弥陀，现于南剑。尽道菩提无树，何须净土栽莲。……想观音之救难，满面慈

① 《蒙川遗稿》卷四。此文著于咸淳六年（1270）。

悲；思势至之度人，通身怜悯。一佛远公之接引，诸天圣侣之护持。①

弥陀、观音、势至是净土宗“三圣”，三像并列历来是净土宗寺院的佛像陈设格局，② 白莲教堂庵的佛像陈列也多半如此。《庐山白莲正宗昙华集》卷上《总观三圣诗》：“金色弥陀丈六身，右边势至左观音，三尊宝相当空想，觌面无劳别处寻。”《庐山莲宗宝鉴》卷八《临终决疑撮要》教人“才有疾病，……直须西向正坐，专想阿弥陀佛与观世音、大势至菩萨及无数化佛现在其前。”供奉三圣是以弥陀经典为根据的。

建阳、邵武、顺昌的这些白莲教堂，多数应是入元前已有的。谢枋得此时作为一个卜者，地位与白莲道人相近，故而会为他们写下这些疏、记，这些篇章也反映了他本人的信仰。下面我们还会讲到这个问题。

二、徽州东门观音堂

方回《徽州东门观音堂记》：

---

① 《汇编》页253。

② 陈瓘《延庆寺净土院记》，《乐邦文类》卷三。

佛法入中国，自东汉明帝时始，初惟知有释伽牟尼佛耳。其后所至僧寺，位释伽佛、弥勒佛、弥陀佛而三之，阿弥陀、华严、无量寿。又有所谓诸菩萨，而观世音有千手千眼之异，谓观见世间音声而往救其苦。《传灯录》有西天二十七祖，有南华六祖，有曹洞、云门、法眼、沩仰、临济五宗，而佛之徒不胜其众矣。初惟知有《四十二章经》耳，其后萧梁时分为三藏，至五千四百卷，曰经，曰律，曰论。而禅学之兴，又各有问答喝咄。最多者龙树之《华严经》，本十万颂，中国译传四万五千颂。最简者鸠摩罗什之《金刚经》，尤易晓者莫若《六如偈》，而佛之说不胜其众矣。僧之至汉地者，初惟有摩腾、竺法兰耳，华人祝发学佛自此始。其后始有维摩诘白衣处士，在家出家。东晋庐山慧远建白莲社，许刘遗民等与会，十二僧而六士，今之不剃染道人是也。又有所谓白云宗，号优婆塞、夷。而佛之小支别派，尤不胜其众矣。

徽城入东门之右，倚北向南，万山堂之下，旧蒋氏居，其屋地甚深，今为道人任普诚所有。创外门三，施茶。东西庑二。中为大殿，左钟右鼓，奉观世音。后为楼，奉无量寿佛。每月朔，集善士，奉《金刚经》，上为九重祝寿，下为百姓祈福。本路总管通议刘公为主其事。

前任僧录通议广智沈公、僧判佛心俊辩何公实纲维之。今任僧录通智广慧窦公、僧判正宗宏教郝公又协成之。施者辐凑。其徒孙普和介学录杨复书求记。……①

方回（1227—1307）字万里，号虚谷，歙县（今属安徽）人。宋进士，知严州，后降元，晚年寓居杭州。著述甚多，有《桐江集》、《桐江续集》等传世。上面引出的是《观音堂记》的前半篇。在后半篇中，作者讲到徽州在丙子（1276，至元十三年）、庚寅（1290，至元二十七年）年的事，故知此记写于至元二十七年以后。这个观音堂，大殿奉观音，后楼奉阿弥陀佛，也是净土宗寺院常见的一种佛像布局。任普诚、孙普和师徒都用俗姓，他们都是“在家出家”的“不剃染道人”，即可以娶妻生子的职业白莲教徒。“在家”还是“出家”，是白莲道人有别于寺院僧人的主要特点。由于白莲教以弥陀为崇奉中心，教中僧人少而道人多，当时社会上有“在家为弥陀教，出家为释伽教”之说。②

方回博学，但他看不起僧、道，曾抨击僧、道说：“老子

① 《桐江集》卷三（《汇编》页254）。

② 《庐山莲宗宝鉴》卷四，《念佛正派说》（《汇编》页66）。

之学清净无为，其变也，诡而为方术。佛之学寂灭为乐，其变也，诞而为禅机。又其下也，俱不免从事于斋醮祈禳，如古之巫祝云者。奸人以快其嗜欲之私，庸人以豢其惰顽之体，名为盛而实则衰。"[①] 他把禅宗也视为荒诞。在《观音堂记》中，他简短地勾勒了佛教流传演变的历史，先说"佛之徒不胜其众"，继说"佛之说不胜其众"，末后又说"佛之小支别派尤不胜其众"。三句"不胜其众"，表露出方回对佛教的厌烦。但他对佛教的支派白莲教并不更加歧视，在《观音堂记》的下半篇中反倒称说："惟此道场，诵经供佛，感召和气，当可免兵火盗贼之灾。"方回与谢枋得在南宋末都是州府官员，与撰《佛祖统纪》的志磐同时代，但他们对白莲教的态度与志磐完全不同，研究者应予注意。

三、丰城万缘堂

刘埙《莲社万缘堂记》：

> 佛教入中土，由东汉始；溢为莲教，由东晋始；分为丰郡万缘堂，则由至元己卯岁始也。远公开莲社，更十数

① 《送胡子游赴调序》，《桐江续集》卷三二。

代，历十数百载，远矣而寖盛。南北混一，盛益加焉，历都过邑无不有所谓白莲堂者，聚徒多至千百，少不下百人，更少犹数十，栋宇宏丽，像设严整，乃至与梵宫道殿匹敌，盖诚盛矣。斯堂特其一焉耳。初，州东之偏有胜地曰万家冈，南城吴氏世业也。有乡民曰觉全君，莲社道人也，断荤血持经法五世矣。堂未建，觉全期建堂，遍走于有力者。吴某于是首捐地，沿旧冈名，更曰万缘。已而有过用昭者，捐赀以市材；有吴文容者，捐田以赡众。堂之成久矣，记未作，觉全来求记。①

丰郡，今江西丰城市。万缘堂始建于己卯岁即至元十六年(1279)，正是宋亡之年，江西入元已四载。觉全家信奉白莲教已五世，可能其父祖亦为莲社道人，因道人娶妻生子，可代代相传。年深岁久，这些白莲教世家在地方上有一定号召力，不难得到“有力者”即富户的资助。万缘堂究竟有多大，刘埙没有讲，但结合文中“与梵宫道殿匹敌”一语考虑，规模必定不小，聚徒不会少于数十。

刘埙，字起潜，江西南丰人，生于宋理宗嘉熙四年

① 《水云村泯稿》卷三（《汇编》页256）。

(1240)，卒于元仁宗延祐六年（1319)，享年八十。《万缘堂记》撰于“堂之成久矣”之后，想是刘埙晚年的文章。这篇文章的重要性不仅在于记述了万缘堂创始的经过，更在于它描述了“南北混一”后白莲教的发展盛况。刘埙的描述是十分可信的，因为他虽应觉全之请写了这篇文字，但他并不鼓吹白莲教，相反地他对白莲道人的作为还有较重的疑惑，在记述了万缘堂创始经过以后又发了下面这番议论：

余闻毗卢遮那之为佛祖也，一清净法身而已；世有嗣佛教者，亦惟清净其身而已。种莲结社，其非取清净也乎？余特未知嗣之者果能是否。夫落须发，释冠巾，绝人道，弃世务，澄寂凝固，泊然于无为之境，佛之教也。有室庐适其温凉，有饮食饱其朝暮，外无饥寒之忧，内得以专一清净之学，力到机熟，心华自发，宝月自见，入妙悟，成正觉，佛之意也。余益未知居斯堂者果能是否。嗟夫，彼其须发荡然，冠巾弛然，吾犹未见其能然，过此以往，滋可惧矣。群聚而裕处，苦志而勤修，一席之安至末也，一餐之饫至微也。顾清净之学不可惰，白莲之名不可玷也。人何为而人，佛何为而佛，其知之乎？未也，则有吾六经圣贤之训在，又将为汝陈说焉。

刘埙的意思是，佛教原以清净为本，但自己对那些剃须发、脱冠巾的出家僧人能否真做到清净已不大信得过，更不要说对留须发（即方回说的“不剃染”）的道人了！他因此竟想为觉全等人讲一番儒家的道理。不过，刘埙的用意仍在劝勉，并非反对白莲教，只是要求道人们勿玷“白莲之名”，所以他又替万缘堂起草了一篇《化田疏》：

> 结万人缘，盖为同修净土；图三餐饱，固须广置良田。如来尚甘乞食之羞，道人那有烝沙之法。欲求赡足，宁免钞题。或拨三顷五顷，特地周旋；或捐十定八定，随时增置。拈匙弄碗，知有来处；捶钟打磬，报无尽期。是名千年田，虽历劫而不卖；只此一盂饭，至成佛而乃消。休吝休悭，常舍常有。①

一个白莲堂意欲“广置良田”，张口就要捐拨“三顷五顷”、“十定八定”，足证此堂拥有怎样的经济实力，不是捐点小钱就能满足的。

① 《万缘堂化田疏》，《水云村泯稿》卷一七（《汇编》页257）。

四、崇仁长安乡会善堂

崇仁，今属江西，在丰城南。吴澄《会善堂记》：

中国之始奉佛也，因果施报之说足以动愚俗而已。至晋中世，而名流胜士蕲清洁其心身，曰修净土业。僧慧远倡之，诸人趋而和焉。时达摩之法未入中国也，奉佛如是，视愚俗已超矣，而因果施报之说不能废也。佛法之外，号曰莲教，历千年而其教弥盛，礼佛之屋遍天下。崇仁县西南长安乡嘉会里之长山有会善堂，亦其一也。去年秋，予远客而还，息于其堂者信宿。堂之主刘觉度，貌其朴野，请予文以记，予诺而未暇也。今年夏，邑人易涛为录其始末，觉度持以造吾门而请云：自元贞乙未，觉度之从父益暨从弟觉辉舍所居为佛堂。葺理之初，邑人邓焱扁之曰会善。邓与李氏弟俱有布施，且为张王其教。大德庚子，邑人陈祥施材施田，觉度之徒曾觉世协力营助，市材鸠工，不惮勤劳，以图恢拓。数年之间，殿亭楼阁奂然一新，斋舍道寮佛像供器种种完具。过者睹其宏规，莫〔不〕惊羡其能。佛堂非佛寺比也，乃以从子觉惠嗣。入于施舍、已所增辟之土，请有司公文为据，以垂永久。其

> 徒有僧法祚、萧觉华、郭觉志、章觉义、郭觉正。其师则归宗堂孔觉善也。涛之言云尔。
>
> 予为之喟然叹曰：吾圣人之道大矣，然犹各报所见，或谓之仁，或谓之智，或日用而不知，固自不同，岂佛之教而不然乎？平等无有高下，佛法也。强生分别，非也。觉度以朴野之资，行本实之事，意在诱人以好善。若邓若陈，乐劝其成，均此一善心也。其可记也夫。至治元年辛酉六月二十七日记。

这篇记述尤须注意，因为它出自理学家吴澄之手，传世的《吴文正公全集》未收，今从《永乐大典》卷七二四二引《抚州罗山志》录出（见《汇编》页266）。吴澄明确讲了会善堂属“莲教”，该堂堂主刘觉度与其师、从弟、从子、徒众（除去僧法祚一人）均以“觉”字取名。堂由私宅改建，所有权仍属本主，故可由从子继承；所谓“佛堂非佛寺比”，就是指这点讲的。宋代禁止“私创庵舍”，元朝也有禁令，但在官府登记了的就不算“私创”了。会善堂创于成宗元贞乙未（1295），至吴澄著文已经营了二十六年。既称“殿亭楼阁奂然一新，斋舍道寮佛像供器种种完具”，规模自然不小。觉度之师孔觉善的归宗堂大概也在崇仁。推想归宗堂在孔觉善之后也由其子或其徒继承，其他徒众有能力和机会的也会像刘觉度这样辟地另创新堂。白莲教的堂庵就像细胞分裂一样愈分愈多。觉度之徒中有僧法祚一人，不知是怎样的师承关系。

吴澄是崇仁人，生于宋淳祐九年（1249），卒于元顺帝元统元年（1333）。他在理学上与许衡齐名，元人有“北许南吴”之说。延祐五年（1318）拜集贤直学士，行至仪真病作，不赴。遂往金陵，又至江州，修书讲学。据虞集《临川先生吴公行状》，[1] 吴澄于延祐七年（1320）返乡，此即《会善堂记》说的“去年秋，予远客而还”。《会善堂记》虽未见于今存之《吴文正公集》，其为吴澄所撰当无疑问。

五、长乐童道人庵

长乐，即今福建滨海城市长乐。何梦桂《童道人立庵》记：

> 至元庚寅秋，参政高公提军入长乐境，平九都乱。白莲道人童普兴得一生于万死中，既而为驱，又复生还。是虽参政公再生之造，亦惟佛力。故佛经有云：“我若向刀

---

① 《道园学古录》卷四四。

兵，刀兵自摧折。我若向镬汤，镬汤自枯竭。”乃今始信佛不妄语。其故庵半为兵毁，其存者民复拆而为薪，欲报佛恩无地。兹有善识童觉定舍庐为庵，舍田地为供，复以普兴为法嗣，将以续佛慧命。普施无量，是心即佛，要是佛会中人，相逢不偶。其自今以往，式引勿替，自一灯传至百灯千万灯。东林一会，千古俨然。至元壬辰中和节，潜斋居士书。[1]

庚寅为世祖至元二十七年（1290）。“参政高公”即元福建行省参知政事高兴。“驱”即驱口，元代对战争中被俘为奴者的称呼。“善识”即“善知识”，佛教语，意同“善友”。童觉定以童普兴为法嗣，可见亦为白莲道人。

何梦桂（1228—?），字岩叟，号潜斋，淳安（今属浙江）人。宋咸淳元年（1265）进士，官至监察御史，入元不仕。除了这篇《童道人立庵》，他还为一位白莲王道人写了一篇《栅岭修路疏》：

栅岭路控安、昌、常、长四乡之冲，一径崎岖，仍复

① 《潜斋集》卷一一。

> 颓塌。不惟商旅愁戚，樵牧咨嗟，而各乡大家联姻结眷，尤不便往来。白莲王道人发心干缘，募众修辟，更就岭旁结小庵，使道者居之，迎接行客，须仗大家欢喜助缘，共成胜事。
>
> 右，伏以人间世行道良难，纵野女怕逢狭路；天下事有心便做，信愚公移得高山。况一岭盘桓十五里之间，而两旁控扼三四乡之要。草菅蒙蔽，当道或踏长蛇；岩石嵚崎，拦路曾逢猛虎。要好辟开荒径，更须卓立小庵。好事人自肯结缘，作福者定须布施。指廪挥金真易，开山通道何难。假数椽与佛盖头，立一亭容人歇脚。山有蛊虫恶兽，仗黄面老子一力护持；路通驷马高车，看白莲道人千声赞叹。种三生福，作万人缘。①

此王道人募缘辟路，又立庵岭旁，使另一道人居之以迎行人，确实为一善举。据顾祖禹《读史方舆纪要》卷九〇《浙江·严州府》，淳安县东北四十里有地名栅源，源出昌化县之昱岭关，疑栅岭或近该地。

---

① 《潜斋集》卷一一。

六、建宁白莲都掌教报恩堂

元代建宁路属福建道，领建安、瓯宁、浦城、建阳、崇安、松溪、政和七县，治所在建安（今福建建瓯）。建阳白莲教之盛，已见于本章第一节所引谢枋得《叠山集》文字，这应是建宁地区的共同情形。正因白莲教盛行于建宁，其地才设有白莲都掌教。都的意思是总、大。顾名思义，这个白莲都掌教报恩堂是掌管建宁地区白莲教事务的。这个堂设在建阳，创立的时间不明，我们但知不晚于大德年间（1297—1307），因为成宗曾颁予诏旨。武宗至大（1308—1311）初，沈阳王益知礼普化引该堂住持萧觉贵将堂进献皇太子爱育黎拔力八达（仁宗），萧觉贵遂有“都掌教”之称。该堂属下有复一、清应等堂。这些莲堂拥有土地、园林、碾磨、牲畜、店舍、解典库等，资产相当可观。萧觉贵号性空普慧居士，[1] 显然是“在家出家”的道人。我们对该堂的了解是根据《元典章》内的仁宗诏书和该堂刻印的部分《藏经》，原文将在本书第七章引出，这里暂付阙如。

---

① 重松俊章在《初期的白莲教会》一文中误将“性空普慧居士萧觉贵”断为性空、普慧与居士萧觉贵三人。

七、大都寅宾里无量寿庵

上面我们介绍的都是地方上的白莲教堂庵，现在介绍元代京城大都（今北京）的一个白莲堂庵。危素《无量寿庵记》：

京师寅宾里有无量寿庵者，居士屠君所建也。君名文正，更名觉缘，山阳人，事其亲至孝。至元元年，大兵驱至开平，日夕思念其母，南望悲泣，时年廿有七矣。因礼僧性道者为师，绝荤酒，持五戒，诵佛名号，冀与母遇。始自五年正月元日，日诵《妙法莲华经》，至初八日竟。又始自五月朔，日一食，周月竟；九月朔亦如之。行住坐卧，叫佛一声，恍然如见其母。恒以清旦诵四圣真铨，临暮礼白莲宝忏，夜礼佛，千拜乃寐。

十有一年，还至大都。明年，师事華庵满禅师于庆寿寺，满号之曰居士。时宋已内附，疆宇混一，私喜可见其母，亟驰书候之，则知北来之明年母已没矣。居士擗踊号恸，若不能生，乃卜六月癸未，集善信百余人，建白莲社。廿有一年，出己赀七百贯，买地十亩于太庙之西，作无量寿庵。树佛殿四楹，屋宇象设，无不具足。浚井治圃，手植嘉禾。廿有七年四月癸酉朔，为其徒盛陈教戒，

> 其言曰："诸佛菩萨不可不念，九品净业不可不修。越七日晡时，吾当去。"至是日己卯，沐浴更衣书颂毕，隐几而坐。俄有白虹从西南下垂庵中，广数丈，如飞桥，微雨洒道。门人举佛号五声竟，作礼跏趺而逝，口吐异香，弥月不散。葬诸太史庄之阡。
>
> 子觉兴，善继其志。皇庆二年遇灾，庵尽毁。觉兴裒金于好施者，复谋营建。未几，规制悉还其旧。
>
> 觉兴又没，其徒魏守溪请于邻之大长者翰林学士承旨月禄帖木儿公曰："昔先师之作庵且七十年矣，未有刻石以告来者，守溪之责也。"公以命史官危素。按宋通判赣州事尹应元所撰道行碑，而知居士之慕其亲若是之至。及世祖皇帝诞降之辰，用其法祈天永命，故其庵名之曰无量寿。充其事亲与君之心，可为孝子，为忠臣，是宜书之传示久远。若居士之作此庵，匪独求夫福田利益而已。①

危素（1303—1372）字太朴，江西金溪人，有《危太朴集》传世。这篇庵记题下注明撰于庚寅年（1350，至正十年），即元末农民战争爆发前一年。当时危素在翰林国史院任应奉翰

① 《危太朴文集》卷四（《汇编》页269）。

林文字，故自称“史官”。在本书引用的有关白莲教堂庵的记述中，以危素这篇庵记提供的信息最多。屠文正本人法名“觉缘”，师名“性道”（“普觉妙道”之“道”），子名“觉兴”，建“白莲社”，礼白莲宝忏，庵名“无量寿”，[①] 他去世时门人“举佛号五声”，这一切都合乎正宗的白莲教规范。他从至元五年（1268）开始日诵《妙法莲华经》，这一年正值南宋的志磐撰写《佛祖统纪》。苹庵满禅师是禅宗名僧海云（1202—1257）再传弟子。[②] 无量寿庵建于至元二十一年（1284），到危素撰文时已存在了六十六年，中间虽然经历了至大年间白莲教遭禁的危难，仍旧维持下来。危素此文也清楚不过地证实了白莲教至迟在元灭南宋前已传至北方。月禄帖木儿即月鲁帖木儿，《元史》有传。魏守溪能通过月禄帖木儿请危素撰文，可见他与朝廷权贵的关系。此外，我们不知道魏守溪是未取白莲教的法名，还是危素径以俗名称他。

八、福清善应庵

卢琦《东坡善应庵记》：

---

① 危素不会不知道“无量寿”是阿弥陀佛名号之一，却要解释成替元祈天永命，或许是魏守溪为了讨好朝廷，要他这样写吧。

② 赵孟頫《临济正宗之碑》，《全元文》卷五九九。

至正二十一年辛丑，予抵福清平南之东坡，至于善应庵。一日，僧觉真暨优婆塞陈觉荣来谂，曰："是庵创于大德己丑，至元戊寅乃重建焉。其事则陈、何二师之经营，其教则东林遗法也。二师去世久，而事实未有纪，恐遂湮没，无以示来者，敢请。"予曰："第言之，我为若记之。"

极西之方有净土焉，其国无三恶八难，其人大乐。有能念佛三昧，往生彼界。晋时庐山远法师惧夫代之信者弗笃，作为咏歌以劝之，由是东林有白莲社，当时化焉，故庵宇比比有之。而此以善应名，盖取《观音经》中善应诸方所语也。又曰：庵故陈觉坚宅也。觉坚年甫壮辄修净业，尝建安福庵后湾，厥有成规。乃出谒道师之有轨行者，以究其道。既归，思别度法宇，谓莫东坡若也，遂以宅为之，而居其族于旁里，不以混焉。乃拓厥基，欲其舒也；乃凹厥壤，欲其燠也。首作佛殿，次作观音阁。后湾陈觉正实相成之。

于是觉坚老矣，其徒陈觉庆道行愿谨，为时所推，自嗣以来，内溃私蓄，外资众施，务新厥故，用弘兹庸。既鸠工，视中殿曰："狭矣，其广之乎！"视观音阁曰："陋矣，其易之以高明乎！"视栋楹榱桷曰："腐挠矣，其悉更之。”既克有成，咸就矩矱，施之金碧，被之漆髹。殿之后辟轩东向，累土为层台，而墉以卫之。阁之下辟轩南向，列其房于左右。外则旁取篁篆花卉之属杂植焉。涅槃有堂，香积有厨，寝有次，食有所。残缮苟完，即以其余市田若干亩，课僮种艺，而取其入以食。盖觉庆主之，而觉真、觉荣与北山林某咸有力焉。

予闻而复曰：“释氏以人天小果目缔构然，以崇象教，匪是曷依。是庵也，有觉坚基厥始，有觉庆图厥终。若二人者，殚精神，竭志虑，以辅翼之，卒克就绪。兹惟艰哉！虽然，非以眩美观也，其惟弘尔佛之教以惠斯人乎！夫佛之道，其教不过导人为善已耳。……然则兹庵之作，其利益不既多乎。若夫究真谛于一言之顷，悟奥义于一事之微，学者殆未易进此。然顿由渐入，尚勉诸。”觉真、觉荣曰：“然。”遂书以授之，而锓诸梓。觉真号东庵，觉坚之孙。觉荣号桂堂，觉庆弟子，其戒行显著，里之人尤加重云。①

卢琦（？—1362)，字希韩，号立斋，惠安（今属福建）

① 《圭峰集》卷下。

人。至正二年（1342）进士。十二年任永春县尹，多次镇压当地与邻县的农民起义。十六年任宁德县尹，二十二年去世。有《圭峰集》两卷传世。福清、宁德均滨海。这篇庵记作于至正二十一年（1361），已是农民战争爆发后十年，下距元亡仅七年。文称善应庵创于“大德己丑”，然而大德无己丑，疑是己亥（1299）或辛丑（1301）之误，如是则该庵已有六十年历史，经历了三代人。庵建于陈觉坚私宅，陈觉坚先前创建过安福庵，无疑是一个有经验的白莲道人。其徒陈觉庆与后湾的陈觉正也是道人。第三代有了变化，陈觉庆弟子陈觉荣仍是道人（优婆塞）；陈觉坚之孙觉真已削发为僧，所以卢琦不用俗姓称他。

这篇庵记的特殊价值是在它的撰写时间上。前引诸篇庵记、堂记均成于元末农民战争爆发之前，唯独此篇晚出。它告诉我们，虽然红巾起义因其宗教色彩而被官府称为“妖贼”，但元朝并未全面禁止白莲教。它也告诉我们，在部分参加农民战争的白莲教徒转以弥勒佛为信仰中心之后，一些地方的白莲堂庵仍然恪守东林遗教。

上面是我们已知的元代白莲教五堂三庵（顺便提到的堂庵不计）的情况，它们分布于今天的福建、浙江、江西、安徽和北京五个省、市。它们创建的时间早晚不一，规模大小也有差别，但基本面目是相同的：信奉阿弥陀佛、净土三圣，主持者是在家出家的道人，主持人及其徒众多以茅子元规定的“普”字或“觉”字取名，活动是公开的。显然，这五堂三庵的共同点也就是元代遍布历都过邑的绝大多数白莲教堂庵的共同点，它们体现了白莲教本来的信仰、活动方式和组织形式。但是必须注意，白莲教在南宋后期已有变化，渗入一些杂质，入元后成分更加复杂，这些变化也体现在某些堂庵和道人的活动上。由于一般文人学士只可能为循规蹈矩、恪守本分的堂庵作记，故而不要以为上引文人学士笔下堂庵的情形反映了元代所有白莲教堂庵的情形，或者反过来，一见某些堂庵或道人不尽符合上述共同点就否认他们属于白莲教。研究白莲教，必须把握它的发展与变化。

九、白莲道人

上述五堂三庵为首道人的面目引人注意。按照教义，白莲道人虽可娶妻生子，仍应超尘脱俗。《庐山白莲正宗昙华集》有《道人忍耐》诗云：“乘势裂开恩爱网，等闲推倒是非林。若能于此全身现，方始莲宗做道人。”又《千种弥陀》诗云：“清净无求是道人，不忧生死不忧贫。悭贪何日知惭愧，辜负黄金丈六身（“丈六身”指弥陀）。”道人们口头上也以“清净”

自许，实际行为并非如此。各堂庵为首的道人不少是聚财添业的能手。他们上交朝廷显贵、官府要人，下结地方吏员、乡里富豪，在地面上相当活跃。他们通过各种途径置办起可与梵宫道殿匹敌的堂庵产业。由于堂庵可以父子相传，主持堂庵的道人家庭实际上是堂庵产业的主人，时间长了，有的白莲教世家成了地方上的殷实富户。

白莲教道人也会在地方上兴办和倡导一些慈善事业。上述淳安白莲王道人在栅岭倡导修路就是一例。最热心各类义举的是白莲教下层信徒。延祐四年（1317），危素的老师李存（1281—1354）在《送张平可序》中讲到：

> 近经上饶，道中所见通川桥梁凡五六，大者至百楹，概其瓦石椽桷构结黝垩之费，动数百万钱，而皆白莲社中人成之。彼白莲社中人非有公卿贵人之资，率多行乞四方，亦或伺夫过车马也者而丐聚焉。呜呼，不亦难矣乎哉！虽所见本出于求福利者，而亦博济之余义。①

李存撰此文的本意，是将白莲教下层信徒的义举同学官任意浪

① 《俟庵集》卷一七（《汇编》页258）。

费学校经费的行为对比，以示“何其儒者之不竞也”，无意中却报道了白莲教在社会底层的巨大影响。在一些地方，白莲教已成为连接贫苦群众的纽带，贫苦群众的愿望和情绪必然会反映在一部分白莲教组织的活动上。

元代白莲教信徒众多，成分复杂，他们的活动涉及社会生活的许多方面，会有各种不同性质的表现，故而当时的人对白莲教有不同的评述。我们既可见到李存对白莲教中人的称赞，也可见到《元史·释老传》指责白莲教“颇通奸利”。今人必须对白莲教作面面观，才不至于以偏概全。

白莲教的产生是佛教进一步世俗化的表现。一部分守旧的、以正统自居的僧人反对这样的世俗化，但不少文人学士从儒家的观念出发，持相反的立场。从南宋德祐二年（1276）到元至正二十一年（1361）八十五年间，我们看到文人学士如刘辰翁、谢枋得、方回、刘埙、何梦桂、吴澄、危素、卢琦（下面还要讲到揭傒斯、袁桷）都为白莲教堂庵撰文记事。除了刘埙态度稍有保留，其他七人都对堂庵的活动持正面肯定的态度，这七人也都任过政府官员。从儒者的观点看，在家的道人一样可以奉佛，未必比出家的僧人差一等。有个儒者甚至认为，道人留发奉佛，胜过出家僧人。这个儒者就是熊禾，他写了下面这篇《莲社上梁文》：

> 我闻上古之圣贤初无二道，世有独行之豪杰自立一宗。常言白莲不染尘世，若渊明以此自洁于晋宋之代，虽夫子岂能无取于沮、溺之徒。流传至今，树立犹伟。众人毁裂，此独能褒衣而大冠；举世啜餔，此独不荤食而酒饮。语其道则父子夫妇，何尝殄灭彝伦；问其事则士农工商，未始弃捐本业。况是本心之直指，尤于大事已无乖。虽托名西方佛法之依，亦不为东林僧舍之附。盖髡鬘非所以昭华夏之习，而腥面非所以示象教之严。允为洁身，何嫌避世。重惟一亩清修之地，更在阙里同文之邦。首稽万年，心已厘于报主；心香一瓣，义更重于尊师。……伏愿上梁之后，道力永坚，宗风大振。已会高情于彭泽，更参悟趣于濂溪。百世师传，要不失通直虚明之旨；九畴皇极，便同遵荡平正直之风。应五三明圣之休期，集百万苍生之洪福。①

据黄宗羲《宋元学案》卷六四，熊禾字去非，一字退斋，建阳人。生于宋理宗宝祐元年（1253），二十二岁登进士第，

---

① 《勿轩集》卷四。

授州司户参军。入元不仕，治濂洛之学，[①] 教授乡里。卒于皇庆元年（1312），学者称勿轩先生。有《勿轩易学启蒙图传通义》、《四书章句集注标题》、《勿轩集》等著述传世。他与谢枋得有交往，当时两人都住在白莲教势力最盛的建阳。谢上承陆（九渊）学，熊学宗濂溪（周敦颐），都有融合儒释的倾向。谢称白莲教“接东林而长久，……托儒教以扶持”，[②] 熊谓“已会高情于彭泽，[③] 更参悟趣于濂溪”。一个引谢灵运与慧远的关系，一个引陶渊明与慧远的会晤，以证儒释相通已久，主旨是一样的。从儒者的角度看，莲社道人在家修行要比出家僧人更合乎伦理纲常，所以他们都赞赏白莲教。不过，谢枋得并没有把道人与僧人对立起来，而熊禾的这篇《上梁文》对道人的赞同实际上成了对僧人的贬损。“语其道则父子夫妇，何尝殄灭彝伦”，已是隐指僧人出家违反天道人伦；“髡鬘非所以昭华夏之习，而腥面非所以示象教之严”，简直是对僧人的面斥了。这篇《上梁文》大概写于至元、大德年间，熊禾预想不到，白

① 即周敦颐和程颢、程颐的学说。

② 《凤林新建莲堂疏》，《叠山集》卷一四（《汇编》页 252）。

③ 彭泽，指陶渊明，因他曾任彭泽令。净土宗有渊明至东林会慧远的记载，但据汤用彤考证，此事不足信。见汤著《汉魏两晋南北朝佛教史》上册，页 264。

莲道人合乎彝伦的行为竟会成为至大年间元廷“革罢”白莲教的理由之一。

就整体言，道人社会地位不高。即使是各堂庵为首的道人，事迹也很平凡，影响范围很小，除了日常的佛事活动，说不上有什么佛教学说，故而地位不能与名僧宿衲相比。元人文集中留下那么多的和尚、道士碑传，竟没有一篇白莲道人的墓志（我们仅知屠觉缘身后有人给他写过道行碑），想必是道人自身的地位所致。道人有了钱，创堂立庵，也想留名后世，便用钱买文，求作堂记、庵记，以得名人笔墨为快。元末溧阳（今属江苏）人孔齐写的《至正直记》讲到大名鼎鼎的书画家赵孟頫（字子昂，号松雪道人）同白莲道人打交道的一件趣事：

〔松雪〕但亦爱钱，写字必得钱，然后乐为之书。一日，有二白莲道者造门求字，门子报曰：“两居士在门前求见相公。”松雪怒曰：“什么居士？香山居士、东坡居士邪？个样吃素食的风头巾什么也称居士！”管夫人闻之，自内而出，曰：“相公不要恁地焦躁，有钱买得物事吃。”松雪犹愀然不乐。少顷，二道者入谒罢，袖携出钞十锭，曰：“送相公作润笔之资。有庵记，是年教授所作，求相公书。”松雪大呼曰：“将茶来与居士吃。”即欢笑逾时而去。①

白莲教堂庵和道人的情况大致如此。这里还需要指出，虽然元代白莲教堂庵遍布各地，但白莲教并没有涵盖一切弥陀净土念佛活动。在白莲教之外，传统的净土宗寺院仍然存在，同时还存在其他的弥陀净土念佛组织。例如，徽州就有西莲社。郑玉《向杲寺重建弥陀殿记》：

向杲寺在新安郡城之西，寺后为弥陀殿。岁九月之望，合四方善信作净土会，号曰西莲社，盖一百六十年矣。岁月滋久，殿益倾圮，寺僧德新告于会之众，得钱若干缗，以改造焉。……余惟先大父自宰乡邑告老来归，即主是会。先君子每待次家居，亦往与焉。余时以童子得奉几杖，侍立左右。……殿起于宝庆三年丁亥，扁曰极乐。……一百六十年间，星移物换，世异人殊，至元、德祐之交，鼎迁运改，而斯会未尝废辍。……季秋之月，农事既隙，乡党邻里父兄子弟咸会于此，修设佛事之余，因

① 《至正直记》卷一（《汇编》页271）。

其长幼之序，语以孝悌忠信之道，则斯殿之建，岂唯足以资其冥福，而于皇极之福亦有助焉。[①]

郑玉，字子美，徽州歙县人，通经学，有《师山文集》传世。上文撰年不详。据《元史·郑玉传》，玉卒于至正十八年(1358)，由此上推至宋宝庆三年（1227），仅得一百三十一年，“一百六十年”之说想系笔误，或者是先有斯会而后建殿。此殿供奉弥陀，无疑属净土信仰。会虽在寺举行，主会者却是曾任官宦的郑玉祖父。此西莲社不具有白莲教的一些特征，不能与白莲教混为一谈。大德年间武昌路江夏县（今湖北武汉武昌）也有西莲社的组织。《湖北金石志》卷一三《洪山寺塔记》录：

武昌路江夏县伏龙桥西莲社弟子陈觉富同室严氏妙悟家眷等与佛有因缘，遇佛牙舍利瑞应，寒庐一门庆幸。伏睹洪山建塔，舍入永镇乾坤，人天瞻仰，释教绵远，万古长新。觉富等世世生生亲承佛会者。丁未大德十一年九月，山门谨题。

① 《师山先生文集》卷六。

江夏县的这个西莲社，性质当与向杲寺之西莲社相同，虽然陈觉富与其妻严妙悟的名字与白莲教徒相似，但仍不能把他们看作白莲教徒。

第五章
白莲教的演变

- 普度与《庐山莲宗宝鉴》
- “正说难行，邪风易染”
  ——演变的种种表现
- 演变的原因：“叨滥者众”

以上所述白莲教堂庵和道人的情况反映了元代白莲教的主流方面。如果情况仅限于此，白莲教就不可能在元代历史上留下那么深的引人注目的痕迹。事情还有另一面，即白莲教在演变。描述演变最细的不是外人，而是庐山东林寺白莲宗善法堂主僧普度。

普度俗姓蒋，丹阳（今属江苏）人，“家世事佛，弱冠出家”。[①] 他在故乡的事迹，《至顺镇江志》有简略的记载：

---

① 中德《优昙和尚辑〈莲宗宝鉴〉事实》，《庐山莲宗宝鉴》卷首（《汇编》页3）。

> 妙果寺，在〔丹阳〕县东南七里竹村。宋咸淳中创（咸淳中，邑人蒋氏子弃俗出家，创庵修白莲，后改为寺）。归附后，至元间重修殿阁（至元中，蒋氏赐号优昙和尚，重建殿及阁）。大德八年，僧普度募缘增广，为丹阳巨刹。①

从行文看，《至顺镇江志》撰者对普度即蒋氏子好像不大明了，这不应该，因为普度至顺元年（1330）方卒于大都。但这段文字明白指出妙果寺在宋末原为蒋氏所修白莲庵堂。

普度在大德八年（1304）著成《庐山莲宗宝鉴》，本书前面已经引过多次。书共十卷，七万余言，据说费了他“十年辛苦”。② 他自己讲，因为“尝见称莲宗者未谙念佛旨趣，弃本逐末，著相修行，净业正因，逮将沉没，皆是怀宝迷邦，背真向伪，从其事者纷如牛毛，具正见者少若麟角”，所以写此书以“照明真伪”，“欲其枉者直之，邪者正之，疑者决之，迷者悟之”。书中追溯了慧远以来弥陀净土信仰的发展历史，阐发了茅子元创教要旨，指斥了白莲教流传过程中出现的种种背离教

① 《至顺镇江志》卷九《僧寺》(《汇编》页277)。圆括弧内的文字是原书小字注。

② 《庐山复教集》卷下，天峰老人志祐诗（《汇编》页194）。

本的现象。此书一出，立刻受到教中人重视，被誉为“立正论以破邪说，发真智以祛妄情”，“使正教大明于一统”，“实为法门一大条贯”。[1] 从白莲教的角度讲，这些称誉不算过奖。自白莲教创始到《庐山莲宗宝鉴》成书，已经经历了一个半世纪，教门虽然兴盛，却没有一部像样的著作全面阐述本教的教义，此书的确具有开创性质。我们今天能够对宋、元白莲教略述一二，在一定程度上也亏了有普度的著述传世。普度著书既然是为了“照明真伪”，我们就跟着他的书看看白莲教出了哪些伪。

普度辟伪的言论集中在《宝鉴》卷一〇。在《念佛正论》这个大标题下，普度列举了各种邪风异说，一一予以驳斥。他先对教门存在的歪风邪气加以概括：

> 尝谓教门之利害有四：一曰师授不明，邪法增炽而丧其真；二曰戒法不行，纲常紊乱而犯其禁；三曰教理未彰，谬谈非义而惑其众；四曰行愿不修，迷入邪歧而堕于魔。由是乱名改作，聋瞽后学，非止一端，可伤乎哉！自是叨滥之徒一以传十，十以传百，百以千万，流毒于海内，速若置邮。何以知其然？正说难行，邪风易染，此必

① 《庐山莲宗宝鉴》卷末《名德题跋》（《汇编》页167）。

然之理也。

接着，普度开始“破诸异说”。下面都是他的话：

真如本性者，父母未生已前一真无妄之体，谓之本来面目。禅宗则曰正法眼藏，莲宗则曰本性弥陀，孔子则曰天理，《大易》则曰太极。名虽有异，其实同一，真如本性也。……今有一等不究佛理之人，却将道门修养法冒滥莲宗，妄说气是主人，教人般精运气，劳其筋骨，枉用身心，甘受苦辛，终无所济。……矫诱他清信之士，一向在臭皮袋上造作，昧却一真佛性，妄言此是修行，可悲也哉！（《真如本性说三》）

夫身者，有法身，有色身。……心者，有真心，有妄心。……今时有一等人不知真妄，错认色身为我身，以妄念为究竟，多是吐纳按摩，做模打样，希望成道，不亦谬乎？（《辩真妄身心四》）

三宝者，有三种。一曰同体三宝，谓真如之理，自性开觉，名为佛宝；德用轨则，自性正真，名为法宝；动无违静，自性清净，名为僧宝。二曰出世三宝，谓法报化身，随类应现，是为佛宝；六度铨旨，四谛缘生，名为法宝；十地菩萨，四向五果，名为僧宝。三曰世间住持三宝，谓泥龛塑像，名为佛宝；黄卷赤轴，名为法宝；剃发染衣，名为僧宝。……今有邪愚不解，伪撰《真宗妙义经》，妄言“精是佛宝，气是法宝，神是僧宝”，递相传习，致使入善门者信其邪说，不敬三宝，实可怜悯。（《辩明三宝五》）

比来有等愚人，不知佛理，潜吾教中，专以传受为宗，妄说六门见性，指四大色身以为佛体，自立三十六关，七十二信，捏合怪事，诳惑善人，妄谓这边肉动某人来，那里疼痛某事至，吉凶祸福，言是先知。愚者得闻，将谓佛法灵感，倾心谛信，布施供养，传此邪言，切切记心，未曾暂舍。……祖师立教，但以念佛三昧为正宗，未曾有毫发许实法系辍于人。何期蚩蚩薄俗，迷宗昧旨，弃忠孝而不履，背仁义而不修，假白莲之名，行差别之法，贪永冥感，以奇怪惑人，则有邪魔魍魉附人身体，挠乱正信，尽遭魔摄，可不悲哉！（《辩见闻觉知六》）

夫白莲正法以本性弥陀为体，念佛信愿为宗。……比来学者迷失宗旨，念著事相，不遵教典，向外妄为，心眼不明，竞称师长，实法门中一弊事也。或搜鬼窍，有若师巫，或称弥勒下生，或言诸天附体，或向烛光上见神见鬼，或在香烟上断吉断凶，瞒昧三光，欺贤罔圣，诳呼闾阎，邀求利养。及乎问他平实行愿，杜口无言，本性弥陀，罔知下落，热乱一生，尽是虚诳，误人自误，堪可悲哉！（《破妄说灾福七》）

双修者，修福修慧也。……今有一等愚人，常行异教，诈称莲宗弟子，妄指双修，潜通淫秽，造地狱业，迷误善人，沉迷欲乐，甘堕险坑，岂不谬乎？（《辩明双修十》）

《大阿弥陀经》云："阿弥陀佛光明极大，而为诸佛光明之王，故号无量光佛、……因名曰超日月光佛。"盖以日能照昼，月能夜明，其德不全，佛之光明昼夜长照，无亏无欠，故名超日月光也。今有一等愚人，妄指教人于日月初出之时以口吸采其光，吞咽入腹，欲其成宝，以当修行秘法，谓之超日月光者，其错大矣。（《辩明超日月光十七》）

《法华经》云："诸漏已尽，无复烦恼。"……今有一等愚人，妄将眼眵鼻涕尽皆吃了，谓之修无漏者，何蠢乎哉！……更有一等众生，以秘精是无漏者，混吾教中，递相传习，潜饕贪欲，坏乱正法。此是妖精鬼怪、夜聚晓散、吃菜事魔之徒，非是莲宗之弟子。比年以来，多有此样，煽动人家清信男女，不觉不知，鼓入魔道。……今观邪师妄作之徒，假吾佛祖之教门，造不净之恶业，逆二仪，背三光，谤佛祖，乱人伦，碌碌如蜣蛆之逐秽，现受众苦，没后沉沦，……非惟死后受报，抑且官法不容。(《辩明无漏果十九》)

昔赵州和尚见僧问曰："汝曾到此否?"……禅林因此有赵州茶话公案。今愚人不明祖师大意，妄自造作，将口内津唾灌漱三十六次咽之，谓之吃赵州茶。或有临终妄指教人用硃砂末茶点一盏，吃了便能死去，是会赵州机关。更可怜悯者，有等魔子以小便作赵州茶，何愚惑哉！非妖怪而何耶?(《辩明赵州茶二十》)

嗟见一等拍盲野狐种族，自不曾梦见祖师，妄言达摩归空，谓之传法救迷情，以至借他从上最大宗师马祖赵州名目，脱赚后人。乃夸初祖只履西归，普化空棺，皆谓此术有验，谓之形神俱妙生死秘法，递向传习。而人皆厚爱此者，生怕腊月三十日，慞惶竞学归程之法，除夜拜影，唤主人公，真是诳呼闾阎，捏伪造窠，贻高人嗤笑。复有一种假托《达磨胎息赵州十二时别歌》、《庞居士转河车颂》，递互指授，密付传持，希望生天，更要预知死日，殊不知此真妄想邪心。(《辩明教外别传二十一》)

今有愚人指口为诸恶门，鼻为涅槃路，教人临终时紧闭其口，令气从鼻出，谓之出门一步；又妄将“囫”字以为公案，教人口里着力，忍了气透这一关。或云“囫”字四围是酒色财气，或言地水火风，或言生老病死等，皆是卜度妄计曲说。(《辩关闭诸恶趣门开示涅槃正路二十二》)

何期愚人不知佛法，妄立十号归程，称为达磨大师传来生死秘法，却云鹊巢灌顶、芦芽穿膝、玉柱粗裩、蛇入裩裆、波斯献宝、天鼓不鸣、莲花池干、二祖断臂、立雪齐腰、神光不现，以此十件谓之大事因缘。往往莲宗被此等盲师瞎汉递相传授，赚人性命，从冥入冥，陷于非道，何不思之甚也。(《破妄立十号二十四》)

像这样的辩驳文字，普度写了二十一节，以上引文是从其中的十一节摘出的。普度是白莲教头面人物，他不会给本教栽赃。这些乱象的揭出，说明普度对本教在社会底层的传播情况相当了解，而且不加回护。过了几年，在元廷禁白莲教以后，普度在上武宗的万言书（下详）中又将教中乱象概括为“十不应”。他说：

臣曾见近世游荡之民众矣，既非出家，亦非在家，多是诈称白莲名色，不知理法，妄修妄作，其事不可枚举，略而言之，有十不应：假道好闲，不事生理，一不应也；传授邪言，夜聚明散，二不应也；男女混杂，悖乱人伦，三不应也；私用给由，各党其党，四不应也；妄建庵堂，群居窃食，五不应也；密传生死，误人性命，六不应也；行业不修，搀僧应副，七不应也；妄谈般若，乱说灾祥，八不应也；妄撰伪经，自称《真宗妙义归空集》、《达摩血脉金沙论》等，九不应也；庶俗僭称活佛如来，妇人擅号佛母大士，十不应也。

无论是四项“利害”，还是十个“不应”，讲的都是白莲教的乱象，与文人墨士们对五堂三庵的记述形成鲜明的对比。两者都是真实的。文人墨士的记述大多是应堂庵主持者之请，这些主持者是文人墨士愿意交往的道人，故而写出的都是正面情况。普度要扭转白莲教愈来愈乱的趋势，所以揭出了负面情形。当时的白莲教就是如此庞杂。但是，无论是正面的报道还是反面的揭露，都不证明白莲教具有进步的或革命的成分（这是我国史学界在二十世纪六七十年代颇为流行的一种观点）。从普度讲的四项“利害”和十个“不应”看，白莲教非但不具有进步的成分，反而给社会带来许多弊害，有些教徒实际上是巫师。有所区别的是“传授邪言，夜聚明散”这第二个“不应”，这是至大元年（1308）元廷禁白莲教的令文先提到的。一部分白莲教组织搞“夜聚明散”，是因为教徒中有许多是劳动群众，他们白天需要干活谋生，故而夜间参加宗教活动。如同本书第四章引用的李存《送张平可序》中讲的“行乞四方”和“伺夫过车马”者，他们很难白天参加宗教聚会。在一般情况下，这不会给官府造成麻烦。但是，由于聚的多半是下层人民，又是在夜间，官府难以督察，因而也给各种性质不同的反官府力量提供了活动的机会，成为它们组织群众、酝酿闹事的场所，而闹事的顶点就会是造反。这在官府看来自然是邪道，但我们不应这样看，因为这同密传生死、乱说灾祥之类是不同性质的事。

从普度那里，我们还知道白莲教内部已是宗派林立了，当年以“普、觉、妙、道”四字命名的白莲教徒，现在反以此四字作为不同支派的标志，互相排斥。普度说：

> 去圣时遥，人多谬解，虽期正道，悉陷邪宗，庸昏之徒，含识而已，致使群邪诡惑，诸党并炽，是非蜂起，空有云云，夹截虚空，互相排毁。……有执我宗“普”字“觉”字者，有言彼宗“妙”字“道”字者，是皆私偷此

镜入彼邪域，致为尘垢蔽蒙，不明宗体，虽得此镜之名而不得其用也。①

《庐山莲宗宝鉴》又有一节写某些白莲道人做道场时的丑态，也提到他们以“普”字“觉”字竞争高低，文字尖刻俏皮，引在下面，堪供一笑：

今嗟末代有等痴人，不究自心，不知佛理，执着外境为实，一向着相修行，这边做几会道场，那里点几斤香烛，某处化多少人忏戒，几时点若干个化缘，我是张导师传宗，他是李师长徒弟，彼是“普”字号，伊是“觉”字宗，不思根本自何来，各竞枝条无是处。更又胡言汉语，动辄是此非他，妄解佛经，密传伪教，打口鼓子，弄葛藤头，争我争人，论高论下，漏逗不少，出丑甚多。不知羞耻故如斯，岂识惭惶胡恁么。将净土一实之道变作杂剧场，把弥陀万德之名做山歌唱。失却祖师正眼，钝置莲宗教门。达人暗地悲伤，识者观时惊愕。更有敲铙打钹念真言，搀僧门之应副；咒水书符谈祸福，状师巫之所为。差

① 《庐山莲宗宝鉴》卷四《念佛正派说》（《汇编》页66）。

> 遣诸天，追亡摄祟，喝骂三宝，救病驱邪，百样蹊跷，万般诧异。脚波波，与他人作奴仆；忙急急，不顾命趁门徒。读诵时十错九讹，礼念时七啰八咤。展开经打瞌睡，收起经说家私。聚头磕脑弄精魂，作队成群干打哄。不思因果，不顾罪愆，借佛祖广大法门，受人天礼拜供养，美则美矣，善则未善。①

白莲教的庞杂混乱不是短时间产生的，应该承认在宗鉴那个时候（早普度七十年）就已经出现了。宗鉴还讲了原因出在“白衣展转传授”，这的确同白莲教过于世俗化有关系。因为过于世俗化，当一个道人非常容易，所以挤进了许多混饭吃的人，用普度的话讲，叫做“叨滥者众”。明洪武八年（1375）天台山沙门无愠著《山庵杂录》二卷，其下卷讲到净土宗说：“逮至前元，人根既漓，情伪日生，冒名莲社假求衣食者往往有焉。”别看道人社会地位不高，经济上还是有点好处的，即使是普通的道人也能从为人守坟或做佛事得资糊口。至大元年元廷禁白莲教的令文提到“那道人每发付元籍，教各管官司依旧收系当差”，可知道人还享有免除部分差役的优待。其后至

① 《庐山莲宗宝鉴》卷六《净业道场》（《汇编》页109）。

大四年闰七月仁宗颁布的解除白莲教禁令的圣旨和宣政院榜文，也都提到有人为了“躲避差发”而冒称白莲教（详见下章）。此外，白莲教长久以来的合法地位，也为一些搞巫术诈欺行为者提供了藏身之所。在这样的人不很多时，普度还可以推说他们是妄称白莲教，不必承担责任；当这样的人愈益增多时，普度只好承认是自己的教门出了问题。

第六章

白莲教的被禁

- 白莲教被禁前的几次反元事件
- 元廷禁令分析

普度在一种危机感的驱使下撰写了《庐山莲宗宝鉴》。事实证明，他产生危机感是有道理的。就在他的书写成后四年，白莲教遭到元廷禁止。被禁的原因，一是白莲教成分复杂，不少堂庵的活动触犯了官府的禁忌，二是白莲教的名义和组织被人用来从事反元活动。下面先讲几次与白莲教有关的反元事件。

一、都昌杜万一事件

杜万一（又作杜可用）事件发生在元灭南宋次年，即至元十七年（1280），江西入元第五年。都昌今属江西，元属南康路，地近饶州，’离抚州也不远。从时间上讲，这次事件上距黄震在抚州撤毁白莲堂仅八年。杜万一事件，史籍有不少记载。《经世大典·招捕·江西》记：

十七年，南康都昌县杜可用反，号杜圣人，伪改万乘元年，自称天王、民间皆事天差变现火轮天王国王皇帝。以谭天麟为副天王，都昌西山寺僧为国师。朝廷命史弼讨败之，江西招讨方文禽可用。①

《元史》卷一一《世祖纪》：

〔十七年四月〕癸酉，南康杜可用叛，命史弼讨擒之。

姚燧《参知政事贾公神道碑》：

饶之属县都昌，杜万一挟左道媚人，有众万数，狂僭置相。公（贾居贞）曰："都昌与吾南康止限彭蠡，此寇不馘，将乱南康。"乃调兵戍遏彭蠡西濒，别遣方招讨将其军，伏仗舟中，伪为商农，径造茅舍，生禽万一与其相

① 《国朝文类》卷四一。

曹者以归，磔龙兴市。其徒散骇，复其民居。后有列巨室姓名百数来上，云与贼连。公曰：“大憝诛矣，延求何为?”火之。[①]

苏天爵《漳州新军万户府副万户赵公神道碑》：

十七年春，都昌民杜万一挟左道媚人，表僭名号，构乱一方。公（赵伯成）偕方安抚生擒万一，磔龙兴市。[②]

《元史》卷一五九《商琥传》：

都昌妖贼杜万一僭号倡乱，行台檄〔商〕琥按问。械系胁从者盈狱，琥悉以诖误纵遣之。党与窜伏者犹众，琥揭榜招徕，不三日云集。

以上五条记载有三条称杜万一为“妖贼”或“挟左道媚人”，没有一条直指杜万一为白莲教徒。《经世大典》记载虽然

① 《国朝文类》卷六一。
② 《滋溪文稿》卷一五。

稍细，从中也只能看出杜万一利用了宗教，看不出利用的是哪个教。但是，元法令类编《通制条格》卷二八《禁书》收的一条制令，点出了杜万一事件同白莲教的关系。原文如下：

> 至元十八年三月，中书省、御史台呈，江南行台咨：都昌县贼首杜万一等指白莲会为名作乱。照得江南见有白莲会等名目五公符、推背图、血盆及应合禁断天文图书，一切左道乱正之术，拟合禁断。送刑部，与秘书监一同议得：拟合照依圣旨禁断拘收。都省准拟。

这里十分明白地指出杜万一等“指白莲会为名作乱”。把这条制令与其他记载放在一块看，可以认定杜万一与前述蔡杭书判中的张大用、吴势卿笔下的祝千五是一样的，只是名为白莲而已。杜万一的行为可以列入“魔教”、“妖教”，与本书上章介绍的五堂三庵没有任何共同点。杜万一托名白莲教，无非因为白莲教名声大，且具合法身份。

由《通制条格》收的这条制令，引出另一个问题，即元廷在解决了杜万一事件后，是否对白莲教颁布了禁令。七十年前日本学者重松俊章对这个问题作了肯定的回答，他认为：“世祖统一江南之至元十八年，已禁止这个教会。”重松把白莲教在这以后的活动称作“潜行”，意即暗中进行。重松的依据就是上引《通制条格》收的制令。他对制令原文的理解表现在他的点读上，这里照引如下：

> 至元十八年三月，中书省御史台呈：江南行省咨：都昌县贼首杜万一等，指白莲会为名作乱。照得江南见有白莲会等名目，五公符、推背图、血盆及应合禁断天文图书，一切左道乱正之术，拟合禁断。送刑部与秘书监一同议得：拟合照依圣旨禁断拘收。都省准拟。①

把重松对原文的点读同前面我对同一制令的点读加以比较，可以看出，在关键性的一段文字上，两者是不同的。重松是把“白莲会等名目”六字与其后的“五公符、推背图”等语断开的，我则不予断开。按照重松的点读，“白莲会等名目”与“五公符、推背图”等是同等成分，故而他把白莲会也列为禁断对象。按照我的理解，“白莲会等名目”只是定语，是表示“五公符、推背图”的领属的修饰语，连在一起意指以白莲

---

① 重松俊章《初期的白莲教会》，陶希圣译，译文载《食货》半月刊第1卷第4期，1935年1月。经核对，陶译中此段文字的标点完全忠于重松本文。

会等名义（“名目”）搞的五公符、推背图，故而不能从中断开；如果像重松那样断开，“名目”两字便失去了意义。这样点读的正确性，可以从下引《元典章》卷三二所收同一制令的文字得到证实：

> 至元十八年三月，中书省咨，刑部呈：奉省判，御史台呈，行台咨：都昌县贼首杜万一等指白莲会为名作乱。照得江南见有白莲会等名目五公符、推背图、血盆及应合禁断天文图画及一切左道乱正之术，拟合钦依禁断，仰与秘书监一同拟议连呈事。奉此移，准秘书监关，议得拟合照依圣旨禁断拘收。外据前项图画封记发来事，本部议得，若依秘书监所拟，将五公〔符〕、推背图等天文等图书并左道乱正之术依上禁断拘收，到官封记，发下秘书监收顿相应。都省行下，禁断拘收，发来施行。

《元典章》这段文字比《通制条格》所载详细而明白，应是未经删削的制令原文。其下半段不提白莲会而径言禁断拘收五公符、推背图，足以证明“白莲会等名目”六个字在文句中本是表示五公符、推背图的领属的修饰语，故而可以省略；如果制令原意是要禁白莲会，这六个字是绝对不能减省的。《元典章》编纂者将这条制令题作《禁断推背图等》，可说是十分精确。反观《通制条格》，也是将这条制令归在《禁书》栏下，与《元典章》加的标题含义是一致的。可见重松俊章的点读错了。

重松俊章的错误是六十多年前的事，在我们读了前引五堂三庵的资料以后，关于元代白莲教在杜万一事件后是否“潜行”的问题，本无必要再作讨论。我之所以旧事重提，是想让年青的研究者注意准确研读历史资料的重要性。要知道，只要准确理解《通制条格》和《元典章》收的制令文字，即使没有读到五堂三庵的资料，也可判断制令禁止的不是白莲教。

二、柳州高仙道和彰德朱帧宝事件

大约在杜万一事件之后二十年，在今广西柳州发生了高仙道事件。《元史》卷一三七《察罕传》记：

> 成宗大德四年，……中书省奏〔察罕〕为武昌路治中。……广西妖贼高仙道以左道惑众，平民诖误者以数千计。既败，湖广行省命察罕与宪司杂治之，鞫得其情，议诛首恶数人，余悉纵遣，且焚其籍。众难之，察罕曰：“吾独当其责，诸君无累也。”

程钜夫《监察御史萧则平墓志铭》亦记：

> 柳州白莲道人谋畔，论死者二百，录之，释不知情者百三十有七人。①

程文的“柳州白莲道人”，当即高仙道。察罕赴任在大德四年(1300)，萧则平卒于大德七年（1303）八月，故知高仙道事件发生在1300年至1303年之间，即武宗禁白莲教前六七年左右。由于有程钜夫写的这篇墓志铭，高仙道的白莲道人身份是非常清楚的。高仙道的名字也可作为他是白莲道人的一个旁证，因为茅子元规定以“普、觉、妙、道”为白莲教徒命名，道字与普字、觉字不同，可能是放在下面的。例如，屠觉缘的师父性道，元末与韩山童共同举事、后任韩林儿丞相的杜遵道。这里还有条证据，至大三年（1310）普度在上元廷的万言书中讲到：

> 若前时彰德之朱帧宝、广西之高仙道，斯徒即非本教念佛之人，而妄称白莲道，误触陛下刑禁者。盖其所事邪

---

① 《程雪楼文集》卷一六（《汇编》页256）。

昧，所习不正，罔有所守而致然耶！[①]

普度是在为白莲教辩解时说这番话的，如若高仙道与白莲教无关，普度何必提他。

朱帧宝事迹不详，但普度既然把他与高仙道并提，则必定也与白莲教有关，而且可以推测朱帧宝事件发生的时间与高仙道事件不会相隔很久。彰德（今河南安阳）在元初就有宗教徒聚众闹事。至元十一年（1274）十一月，符宝郎董文忠说："比闻益都、彰德妖人继发，其按察司、达鲁花赤及社长不能禁止，宜令连坐。"[②] 我们不能确定董文忠所说"妖人"属哪个教，但从事涉社长来看，所谓"妖人"必处于社会底层，朱帧宝事件在彰德是有历史条件和群众基础的。

有的研究者认为高仙道和朱帧宝都不是白莲教徒，理由是普度讲了"斯徒即非本教念佛之人，而妄称白莲道"。然而，普度的话分明是遁词，意在甩掉白莲教与高、朱等人的关系。而且，"妄称"就是自称，普度至少是承认高、朱二人自称为白莲教徒的。普度的逻辑是，白莲教劝人在家念佛，不教人造

① 《庐山复教集》卷上（《汇编》页184）。
② 《元史》卷八《世祖纪》五。

反闹事，因而造反闹事的白莲教徒“即非本教念佛之人，而妄称白莲道”。站在普度的立场，使用这样的逻辑是可以理解的，问题是今天的研究者应否循用这样的逻辑？其实就是普度本人也无法把这样的逻辑坚持到底，否则他就不会承认教门有四项“利害”和十个“不应”。

杜万一、高仙道都是“谋叛”、“作乱”的头头，朱帧宝看来也是，那么他们的行动是否为农民起义呢？这个问题早在二十世纪八十年代我和陈高华、朱国炤、刘炎三位同志合编《元代农民战争史料汇编》时就曾斟酌过，而且斟酌的也不止是杜、高、朱事件。经过一番讨论，我们确定了收资料从宽的原则，在《编辑说明》中写了这样一段话：

> 三、元代社会矛盾复杂，有些武装暴动的阶级性质不易断定，为便于进一步研究，本编亦予收入。可以确定为上层人物叛乱的事件（如上思州黄圣许），一概不收。元代农民战争与某些宗教组织有密切关系，对这些宗教组织的性质，史学界有不同的看法，为便于研究，我们也酌情收入部分资料。①

---

① 《元代农民战争史料汇编》上编，中华书局，1985年。

因此，《元代农民战争史料汇编》上编收了关于杜万一、高仙道、朱帧宝的资料。可是，在该书问世之前我的论文《元代的白莲教》已先刊出，文中谈了我个人对杜万一、朱帧宝、高仙道的看法：

元代社会矛盾错综复杂，白莲教的成分又那么庞杂，由此推论，白莲教徒组织的反元事件当然未必都是农民起义。因此，应该根据每次事件的具体情况来确定它的性质，避免作划一的论断。正是根据这样的原则，我们不把杜万一、朱帧宝、高仙道分别领导的三个造反事件称作农民起义，因为杜万一牵连许多“巨室”，而我们对朱帧宝、高仙道①的事迹又所知甚少，不足以下结论。在现今一些著述中往往把白莲教徒领导的反元事件一概列为农民起义，结果是既把复杂的元代社会矛盾作了简单化的处理，又模糊了对白莲教本质的认识。研究近代“民间”宗教的人曾经注意到一些教门头头在掌握相当数量的信徒后所怀有的“操刀必割”心理。② 在这些头头中，由做仙佛梦而

① 由于情况不明，过去陶希圣曾望名生义地推断高仙道是一名道士（见《元代弥勒白莲教会的暴动》，《食货》第1卷第4期，1935年）。

② 李世瑜《现在华北秘密宗教》，第三页，辅仁大学，1948年。

> 做皇帝梦的，一直大有人在。我们已经知道元代白莲教堂庵及其道人的状况，也已看到白莲教流传中所造成的种种社会弊害，可以断言，元代白莲教的面目不会比近代“民间”宗教好多少，它在一定条件下可能为农民起义所利用，但在多数场合则是各种封建势力（包括地方割据势力）的工具，这是我们在研究白莲教徒反元事件时必须注意的。

上面这段话写于二十年前，我至今看法不变，故而引在这里。

三、元廷禁白莲教的原因与经过

大德十一年（1307）正月，成宗在久病后去世。经过一场尖锐的宫廷斗争，成宗侄海山在这年五月即帝位，是为武宗。次年，改元至大。说来也巧，在中国历史上曾有“三武（北魏道武帝、北周武帝、唐武宗）灭佛”的故事，现在这个元武宗似乎有意步“三武”后尘。不过，他要灭的不是整个佛教，而是佛教的一个流派——白莲教。禁令是在至大元年（1308）五月颁布的。《元史》卷二二《武宗纪》一：

> 〔至大元年五月〕丙子，……禁白莲社，毁其祠宇，

以其人还隶民籍。

《通制条格》卷二九收了这条禁令全文：

至大元年五月十八日，中书省奏：江西福建奉使宣抚并御史台官人每，俺根底与将文书来："建宁路等处有妻室孩儿每的一枝儿白莲道人名字的人盖着寺，多聚着男子妇人，夜聚明散，佯修善事，扇惑人众，作闹行有，因着这般别生事端去也。又他们都是有妻子的人有，他每的身已不清净，与上位祝寿呵，怎生中？将这的每合革罢了。"么道。与将文书来有。俺商量来，将应有的白莲堂舍拆毁了。他们的塑画的神像，本处有的寺院里教放着。那道人每发付元籍，教各管官司依旧收系当差。已后若不改的人每根底重要罪过。更其余似这般聚着的，都教管民官禁约；不严呵，教监察御史、廉访司纠察呵，怎生。么道。奏呵，奉圣旨：那般者。钦此。

上面的公文是从蒙古文译出的，不少文句保留了蒙古语法。已故的蒙古族学者、元史学家林沉（亦邻真）教授称这种文体为硬译公牍文体。一般读者读起来可能有困难，我本人也曾误读，需要略加解说。

这篇公文是中书省上给武宗的奏议。奏议前半篇引用江西、福建奉使宣抚（奉使宣抚是元廷派往地方了解民间疾苦和官吏贪廉情况的官员，为临时性设置，受二品印）和御史台官员呈给中书省的一份文书，建议禁止（“革罢”）白莲教。他们讲了两条理由：一条是白莲道人们聚集男女，夜聚明散，扇众闹事；一条是道人们都是有妻子的人，自己身体不干净，怎能为皇上（“上位”）告天祝寿。奏议下半篇讲了中书省商量的结果，主张把已有的白莲堂舍拆毁，堂里的神像移放到当地寺院。道人们遣回原籍，由有关官府收管当差，今后再犯（“不改”）的要从重处罚。如果再这样聚在一块，都由地方官员禁止约束；地方官员禁约不严的，由御史、廉访司纠察。奏议经圣旨批准照办（“那般者”）。

奏议有两处还需作些解释。一处是奉使宣抚等给中书省的文书中提到白莲道人们“盖着寺”，现在有的研究者据此就说道人们未出家而聚居寺院。这是一种误解，起因是对这份奏议的特殊性注意不够。首先这是一份硬译公牍，是从蒙文译出的，对所述汉人地区的事要经过两道翻译：先将汉地的事物名称译成蒙语，再将蒙文公牍译为汉文。经过两次翻译以后，能否精确表达原意就很难说了。以各种宗教的修持场所而言，汉语名称极为丰富，有寺、院、庙、观、堂、庵等等，各有适用范围，蒙语未必能有同样多的对应词语（恕我不懂蒙语）。即便是有，也要看译者的水平能否精确译出。再要注意的是这份奏议实际上包含了两份公文，一份是奉使宣抚给中书省的，我们已打上引号，其余的文字才是中书省的。两份公文不出于同一译者之手，便有可能因译者水平（语文水平和知识水平）的不同而出现差异。细心的读者应当注意到奉使宣抚公文中的白莲道人的“寺”，在中书省的奏语中已改为“白莲堂舍”。无疑“堂舍”是准确的。我们已看到那么多的莲堂，尚未见到一个由白莲道人主持的寺。

奏议中还有一处需要说明的是“神像”。当年重松俊章强调这里所说的“神像”不是佛像，以证明“元代白莲教比发生的时候怎样的驳杂不纯”。元代白莲教虽然驳杂，但由白莲道人主持的堂庵绝大多数仍是供奉佛像。这里的“神像”是指佛像，看它下文“本处有的寺院里教放着”可知。若是异教神像，焉有移置寺院的道理。

在杜万一事件以后，过了二十八年，元廷终于下决心禁止白莲教。禁令一下，对于正处在旺盛时期的白莲教，不啻当头一棒。许多地方官府认真执行了这条禁令。两年后普度描述各地的情形说：

> 而吾教祖宗例遭耻辱，迨今天下不能雪屈。州县之间更无分拣，遽以白莲社会例皆禁之，则邪人不知其为邪，善人不得以为善，凡有疾病苦厄，无所皈投，如孩子之失恃怙也。或燃一香，点一烛，而小吏巡军见之，便以犯禁之罪加之，乘时胁诈，靡不至焉；甚者拆其堂，毁其像，破家散宅者有诸。至于触忤贤圣，干怒护法龙神，灾祸所钟，人不得已死于非道者亦有诸。痛哉，沮善人之为善，损圣朝之风化。①

白莲教徒多是有家室的，禁白莲教主要是针对他们，故而普度说“破家散宅者有诸”。终武宗一朝，白莲教都处于被禁地位，受的打击不轻。

① 《上白莲宗书》（《汇编》页182）。

第七章

普度与白莲教的复教

- 普度入京
- 《上白莲宗书》
- 禁令的解除
- 《庐山白莲正宗昙华集》
- 白莲教的刻藏事迹
- 白莲教传入高丽和日本

元政府对白莲教的禁令维持了三年，对禁令的解除起了重要作用的是普度。普度本人对官方禁止白莲教未必感到十分意外，他了解本教的演变状况，并在《庐山莲宗宝鉴》中指出教中人夜聚晓散、扇众闹事的做法将为“官法不容”。但官方禁令来得这么快，出手这样猛，恐怕还是让他震惊。作为官封的“江州东林禅寺白莲宗善法堂主僧”，他自感有责任为恢复本教的合法地位而努力，于是匆匆赶到大都。后来学士袁桷写了一篇《妙果寺记》，追述普度在京城的活动：

> 庐山东林寺以远法师为祖庭，其教行乎海宇，阅年滋多，庞幻杂糅，坏官夷址，将绝其遗教。寺僧普度慨然兴复，率弟子十人，芒履草服，诣京师上书，演为万言。又集历代经社缘起，作《莲宗宝鉴》十卷。仁宗在东宫，阅其书尽初帙，问曰："得无欲布施乎？"合指谢："不敢。"又问曰："得无欲补僧职乎？"复谢："无是想，惟莲教坠绝，愿殿下振复。"时武宗皇帝在御，近臣以其事奏，即以诏旨慰抚如律令。至大四年，始播告中外。而度俾职其教，为优昙主。师丹阳人，在县为竹林山妙果寺，率徒喻俗，将大广其居，以称圣天子崇重之意。①

袁桷卒于泰定四年（1327），《妙果寺记》称仁宗庙号，当写于至治、泰定年间，上距至大元年（1308）十余年。其时普度尚在世，但袁桷所记恐非得自普度亲述，故而有欠准确。顺帝至元元年（1335），普度卒后五年，翰林待制兼国史院编修官揭傒斯为普度舍利塔著《觉华塔碑》，也讲了普度在大都的复教

① 《清容居士集》卷二〇（《汇编》页261）。

活动。碑文久已残缺，《隆庆丹阳县志》卷九录有一部分，其上半部分作：

> 至大初诏罢白莲宗，丹阳妙果寺僧优昙大惧曰："吾承其教将三十载矣，而亡于吾之世乎？"即白佛发誓，必复其教。于是著《莲宗宝鉴》十卷，遍证诸方，莫能易一字。闻仁宗皇帝在东宫留神释典，遂函其书，北至京师，因灌顶国师班的答毗奈耶室利以进。上览之大悦，命有司刻以传世。寻又献书，乞复其教。及上即位，如其所请，仍命师主其教。

揭傒斯与袁桷一样，都把《庐山莲宗宝鉴》著成的时间误置于元政府禁白莲教之后。他们的叙述，需作些补正。

据《庐山莲宗宝鉴》卷首与《庐山复教集》，普度抵大都后，通过国师、罽宾国公毗奈耶室利，向当时尚是皇太子的爱育黎拔力八达（仁宗）献上《庐山莲宗宝鉴》，受到称许，"敬奉令旨，教刊板印行者"。但是，对白莲教的禁令并没有解除。至大三年正月，普度直接向武宗上书，这就是袁桷说的"万言"书（实际七千余字），揭傒斯称"寻又献书"亦指此。奏书全文即《庐山复教集》卷上的《上白莲宗书》。应该说，在当时条件下，这是白莲教头面人物所能写出的最好的辩护词。奏书从叙述白莲教的源流和教义开始，力证白莲教“念佛之道有益于国化”，“最益陛下政化”，“能与陛下省其刑狱”，“坐致太平”。接着，奏书承认白莲教“叨滥者众”，“戒法不行，清规未举，致令妄滥之徒以邪作正，以伪杂真，往往佯修善事，苟求衣食，误犯条章，实为重弊。虽则累奉官司明禁，奈何邪正未分，玉石混淆，真伪难辨”。奏书同时称，“本宗东林寺虽有祖宗之名，而实难检而束之”。用意虽在为自己卸脱责任，但说的也是实情，他既不能限制白莲教徒涉足旁道，也无法禁止外人托称白莲。再往下，奏书针对元政府对白莲教的禁治和打击，恳求朝廷不要“以一方有佞臣而尽弃天下之贤士”，不要“怒恶人以及善人，禁邪法而堕正法”。一句话，不要因少数人犯法而殃及无辜，打击一大片。针对元政府指责白莲道人娶妻生子、己身不洁的问题，奏书特别强调在家念佛的好处：“况在家念善，白日道场，礼净业正忏，诵弥陀正经，每事真诚，初无过患，上不碍于朝廷差发，下不废于所事生理，士农工商，各安本业，敬顺天地，不昧三光，忠于君，孝于亲，修其身，慎其行，求生净土，图报国恩，此吾教念佛之孝善也。深信之士捐以家财，建以堂殿，造以佛像，崇以御座，列以香花，严以灯烛，朝朝念佛，日日告天，祝皇王之万岁，愿国土之丰年，此亦念佛人之敬上也。”这就申说了娶妻生子、在家念佛的人同样可以为皇上告天祝寿的道理。奏书又把“妄称白莲道”、“诈称白莲名色”者的“妄修妄作”归纳为“十不应”(见本书第五章)，表示自己为之寝食不安。其后，普度乞请将他编写的《莲宗宝鉴》“颁行天下，以别真伪，劝导念佛之民，依教修行。宣谕天下州县，禁治前项所言邪宗异教（即所谓“左道四果、香缘、吃菜事魔之徒”），明立罪条，严加约束，革除猥弊，除受庐山三皈依五戒念佛正宗外，其邪伪之教并皆禁革”。奏书末署“至大三年正月日，江州路庐山东林寺善法堂白莲宗劝修净业臣僧普度上言，岁次庚戌”。以上是万言书的主要内容，应该承认，普度说的还是有道理的。

这里需要说明一件事。北宋仁宗嘉祐六年（1061），云门宗僧人契嵩（1007—1072）针对当时的排佛议论，两次上书仁宗，为佛教辩护。日本学者安藤智信揭出普度《上白莲宗书》有不少段落袭自契嵩上仁宗书。[①] 普度的万言书的确套用了契嵩的辩护逻辑和一些泛泛的议论，但具体谈白莲教的文字均为普度自撰，与契嵩无关，契嵩那时还没有白莲教。

① 安藤智信《元代普度撰〈上白莲宗书〉的历史意义》，载《佛教的历史和文化》(日文)，1980年。

普度在大都的活动得到国师和皇太子支持，但也遇到另一些人反对。监察御史张养浩（1270—1329）就是一个反对者。也是在至大三年，张养浩在《上时政书》中列举“害政太甚者一十一事”，其九曰“异端太横”，他说：

臣见方今释、老二氏之徒，畜妻育子，饮醇啗腴，萃逋逃游惰之民，为暖衣饱食之计，使吾民日羸月瘠，曾不得糠秕蓝缕以实腹盖体焉。……所以奸民日繁，实本于此。……使其精严所业，真能为国祝厘延祚，犹为庶几。今也盗获者有焉，奸败者有焉，谋反大逆者有焉。……昔世祖皇帝尝欲沙汰天下僧道有室者，籍而民之，后夺于众多之口，寻复中止，至今识者为深惜焉。……伏望自今谕诸省臣，凡天下有夫有室僧、尼、道士、女冠之流，移文括会，并勒为民，以竟世祖皇帝欲行未及之睿意，岂不可为旷代未闻之盛典也！①

我们刚才引了普度正月上的万言书，现在又看到张养浩在同一年（月份不明）上的万言书的一部分。普度为有家室的白

① 《归田类稿》卷二。

莲道人辩护，张养浩却要沙汰一切僧、道有家室者，双方观点完全对立。禁治白莲道人的主张本来就是监察系统官员提出的。元代僧、道有家室者不少，但情况并不一样。例如在南方盛行的正一道，那是从汉末传下来的，其道众历来可以有家室。又如官方供养的西番僧，也常养妻畜妾。正一道、西番僧当时都走红朝廷，元廷在宣布禁止白莲教时根本不会考虑把已身“不清净”的问题也用于正一道和西番僧的有家室者。张养浩把问题的范围扩大了。不过，张养浩书生气再足，也应料到禁治正一道、西番僧是办不到的。所以我认为他的意见初看泛指一切僧、道有家室者，放在当时环境下看，主要是针对白莲教的复教活动。张养浩要维护对白莲教的禁令，担心普度的活动获得成功，但又顾忌皇太子、国师对普度的支持，便以“竟世祖皇帝欲行未及之睿意”为词，索性要求沙汰一切僧、道有家室者，以制止白莲教的恢复。在张养浩这样的人反对下，武宗虽然给普度以诏旨慰抚，仍未取消对白莲教的禁令。

至大四年正月，武宗去世。三月，爱育黎拔力八达即位，是为仁宗。他崇儒重佛，对佛教有较多了解，《元史》称他“通达儒术，妙悟释典”。凭着早已建立的关系，普度等人终于达到了预期的目的。这年闰七月，仁宗颁旨，恢复了中断三年的白莲教合法地位。下面是《庐山复教集》卷上收的圣旨全文：

长生天气力里，大福荫护助里。皇帝圣旨。

行中书省、行御史台官人每根底，宣慰司、廉访司官人每根底，军官每根底，军人每根底，管城子达鲁花赤官人每根底，来往的使臣每根底，众百姓每根底宣谕的圣旨。

毗奈耶室利班的答交宣政院官人每奏：“江南地面里属江州路庐山东林寺善法堂普度优昙白莲宗为头和尚，自东晋时分远公法师起立来的体例里念阿弥陀佛，精持斋戒，到今一千余年。其间为别教的人躲避差发，推称‘俺也是白莲宗’。么道，夜聚晓散的上头。那里管民官与将文书来，都省官人每奏：‘将那白莲堂都拆毁者。’么道。圣旨有来。也黑迷失见拆毁呵，回来曲律皇帝根底，交宣政院官人每奏：‘既是供养佛像，休拆毁了，与大寺做下院者。’么道。行了圣旨有来。这远公法师起立来的教法勾当，《大藏经》里也载着有。似这般教法有体例好勾当，俺一般和尚每提奏道有。”么道。交奏来：“自在先起立来的供养阿弥陀佛精持斋戒好勾当有。如今白莲宗和尚每、清信的优婆塞每，似在先那一等夜聚晓散的勾当休做者，各自庵堂在家，依着在先远公法师起立来的体例，供养念阿弥陀佛精持斋戒的勾当休教断绝了，与俺每根底祈福祝寿者。”么道。普度优昙为头白莲宗和尚根底执把行的圣旨与了也。这白莲宗道：“有圣旨么道，夜聚晓散没体例的勾当休做者；做呵，他不怕那什么。”圣旨俺的。

猪儿年闰七月初四日上都有时分写来。①

这篇诏书的大意是说：毗奈耶室利教宣政院的官员们奏说白莲宗是东晋慧远建立的念阿弥陀佛的组织，精持斋戒，已一千余年。在此期间有其他教的人为了躲避差役，托稱自己也是白莲宗，搞夜聚晓散，所以地方官上报，中书省奏说拆毁白莲堂，曾下过圣旨。也黑迷失见拆毁莲堂，教宣政院官人们向曲律皇帝（武宗）奏说：“莲堂既然是供养佛像的地方，不要拆毁，就给大寺做下院。”圣旨准了。慧远法师建立的这个教法在《大藏经》里有记载，我们许多和尚也奏说这样的教法是好规矩好事情。现今白莲宗的和尚们、清信的优婆塞们不要再做夜聚晓散那类事情，各人在自家的堂庵里照着慧远法师建立的规矩继续供养阿弥陀佛，精持斋戒，为皇家祈福祝寿。以普度

① 《汇编》页 186。

为首的白莲宗和尚领了圣旨，说是奉圣旨不再做夜聚晓散没规矩的事；要是做了，怎会不怕。

不久，宣政院张榜，将仁宗旨意晓谕世人。榜文的前半部分引述普度的话，全用汉语，说得更明白：

> 皇帝圣旨里。宣政院据僧普度优昙状告："系江州路庐山东林寺善法堂白莲宗为头和尚，本宗系是东晋远公法师起祖，与汉楚王孙刘遗民等一十八贤人结盟白莲，礼念阿弥陀佛，精持斋戒，自行化他人行，迨今一千余年。近为一等别教邪宗冒称白莲名色，假道好闲，躲避差发，搀僧施利，妄言惑众，夜聚晓散，致蒙上司禁治。今普度优昙将祖师起教修行本末事实集成《莲宗宝鉴》，辨明邪宗异教，显证莲宗普化念佛正法，礼拜厮宾国公毗奈耶室利班的答，于至大元年十月十一日今上皇帝潜龙时分奏启，敬奉令旨，刊板印行，及蒙厮宾国公法旨保过。使院蒙于至大四年六月二十九日闻奏，颁降圣旨，护持本宗教法，休交断绝。切缘远公祖师起教念佛修行，悉依大藏经典付授三皈五戒，普劝人心皈敬佛法僧宝，仁慈忠孝，福国康民，古今名贤达士昭著史籍。所是本宗各处佛堂下院，每遇祝圣好日头做好事时分，并系僧人主持道场，礼忏念

佛，即非男女混杂。今来伏虑不畏公法之徒，仍前妄称莲社，不务生理，以受戒为由，说诱人家男女，集成徒党，夜聚晓散，故违禁约，别生事端，连累未便，乞施行事。”①

其下榜文引了圣旨的一大段，晓谕世人。

从仁宗诏书和宣政院榜文可以知道：一，普度将白莲教的问题主要归因于“别教的人”或“别教邪宗”的混入；二，普度说外人的混入是为了“躲避差发”，反证白莲道人的确享有免除差发的待遇，故而三年前禁白莲教的制令有“道人每发付元籍，教各管官司依旧收系当差”的话；三，道人免除差发无疑是白莲教在元代迅猛发展的原因之一；四，普度虽然保证本宗的人今后不再发生男女混杂、夜聚晓散的不法行为，但仍担心有人自称莲社，“故违禁约，别生事端”，连累本教。可见，禁令虽然解除，导致白莲教被禁的原因并没有消失。

不过，白莲教信徒们还是为禁令的解除欢喜雀跃。十月，寓居大都的沈王、高丽国王益智礼普化带头开宗念佛，同时发布疏文，令于高丽国内创建寿光寺（取阿弥陀佛无量寿、无量

① 《庐山复教集》卷上《宣政院榜》（《汇编》页 187）。

光之意）白莲堂，普劝国人“同修净业”。普度等人在大都建莲池会，疏文称：“庆遇昌朝，新颁恩泽；谨遵祖训，复绍遗风。”一些所谓“朝贤宿衲”，纷纷作文赋诗，称赞普度“重振”白莲教的功绩；普度被誉为同慧远、慈照并列的白莲宗主（“千年莲社三宗主，百世优昙一朵花”）。普度还拿着仁宗诏旨南下淀山湖白莲堂宣读，“广集道友，大开法施”。①

白莲教复教成功，朝中有三个人起了重要作用。一个是国师毗奈耶室利，该人《元史》有传，译名作必兰纳识里。他是哈密力（今新疆哈密）人，精研佛教经典，通多种语言文字。大德六年（1302），毗奈耶室利奉旨从帝师受戒，代成宗出家，任国师。文宗至顺三年（1332），因与安西王子月鲁帖木儿等共同谋反，被杀。此人极其贪婪，死后被抄没的家产不知其数。据上引史料，至大元年（1308）引普度见太子爱育黎拔力八达的是他，至大四年教宣政院奏请恢复白莲教的还是他。他与普度虽然同在佛门，但如普度不向他的欲壑填点什么，恐怕他是不会出大力的。《元史·释老志》在讲了帝师、国师与宣政院的种种劣迹以后指出：“惟所谓白云宗、白莲宗者，亦或颇通奸利云。”我过去以为“颇通奸利”是指各地堂庵为首道

① 《庐山复教集》卷下（《汇编》页190、191、192、199）。

人的敛财行为，现在看来那样的理解过于泛泛，低估了“颇通奸利”四字的分量；准确的理解应该是指普度这样的白莲宗以及白云宗头面人物同国师、宣政院的关系。

帮助普度复教成功的第二个人物是也黑迷失（《元史》本传作“亦黑迷失”）。日本学者北村高有专文讲也黑迷失的佛教活动。[①] 据《元史》卷一三一本传，也黑迷失是畏吾儿人，世祖至元二年（1265）入备宿卫，其后三十年间屡使外国，官至集贤院使兼会同馆事，仁宗时封吴国公。也黑迷失信奉佛教，故而在普度为复教奔走时，他以三朝大臣的身份向武宗劝阻拆毁白莲堂庵，后来在延祐二年（1315）又帮助建宁的白莲都掌教报恩万寿堂翻刻大藏经（下详）。

还有一个重要人物是沈王、高丽国王王璋（1275—1325），蒙古名益智礼普化。此人为高丽王朝第二十六代国王，其父为高丽忠烈王王昛，母为元世祖女忽都鲁揭里迷失。他在成宗死后拥立武宗，以功封沈阳王。至大元年父死，归国嗣王位，不久委国事于大臣，返居大都。三年，进封沈王。他特别信佛，当普度在京活动时，是他把建宁路后山白莲都掌教萧觉贵引见

① 《元朝色目人亦黑迷失的佛教活动》，载《木村武夫教授古稀纪念》，永田文昌堂，1981年。

给当时还是皇太子的爱育黎拔力八达（仁宗），献上该教的报恩堂（见下引《元典章》卷三三所收延祐二年九月初二日诏令）。益智礼普化对普度复教成功的欢欣庆祝也显得特别隆重。当年十月他在大都寓宇阿弥陀佛像前开宗念佛，其《发愿文》称：

> 钦惟东晋远公祖师与诸贤士，洗心清向，托境西方，咸愿超登者也。……矧今庆逢嘉运，获阶王称，得询佛旨，大辟生途，……讵可自昧胜缘，沦丧慧命。况见优昙现瑞，《宝鉴》开明，眷我圣明睿哲渊览，崇此道真，颁降德音，宏纲复振，俾率土含生，谅信其风，俱沾至化，实匡庐之运数会通有在然。①

他又向高丽国内颁布《劝国人念佛疏》，内称：

> 东晋远公法师、十八大贤士庐山东林结白莲社，念佛修行，皆获道果。某今依古德遗风，普愿同修净业，敬于本国创建寿光寺白莲堂，普劝僧俗长幼各各志诚持念南无

① 《庐山复教集》卷下（《汇编》页189、190）。

阿弥陀佛，共结胜缘。[1]

益智礼普化的态度说明朝廷内支持白莲教复教的势力委实不小。

为了庆贺并纪念复教成功，侍者果满将普度所上白莲宗书与仁宗诏旨、宣政院榜文、高丽国王发愿文以及“朝贤宿衲赞颂”集为一册，付梓印行，这就是本书引了多次的《庐山复教集》。果满还编了《庐山白莲正宗昙华集》二卷，收录七言诗数十篇，供信徒唱诵宣传。这些诗，一颂阿弥陀佛，二颂朝廷圣明，三颂庐山、淀山湖白莲正宗，四赞普度复教有功，五劝信徒（特别是道人）奉依教法，六辟“邪魔”妄说灾福。文字浅显，意思明白，读起来琅琅上口。两集的及时编成，显示了白莲教的宣传能力。

《复教集》今存元刻本，据该本跋文，为皇庆元年（1312）“僧普果、莲末周普宗、蔡普雨”等募缘刻。“末”是周、蔡两个道人的谦词。在此跋文前又有“庚戌”年洪福题记一篇，内称：

① 《庐山复教集》卷下（《汇编》页 189、190）。

> 西蜀四川成都金堂县三学山万佛庵侍佛募缘释子洪福诱化十方四众，命梓重刊《庐山东林莲宗宝鉴》及《复教集》、《白莲清规》等，印施十方。准兹殊利，上祝皇图巩固，帝道遐昌，佛日增辉，法轮常转，雨顺风调于畿畛，干戈永息于封疆，天下太平，万民乐业。次冀信士檀那人人登解脱之门，随喜见闻，各各达唯心净土，四恩普报，三有遍资，法界众生，同沾利乐。岁次庚戌年良月日洪福谨题。①

题记末行是“庐山东林寺善法祖堂优昙和尚普度证明”。可怪的是，“庚戌”为至大三年（1310），那时白莲教尚在禁中，何得有《复教集》？然而皇庆元年僧普果等刻《复教集》分明是根据洪福刻的这个本子。莫非“庚戌”为辛亥之误，此误又是怎样造成的？百思不得其解，幸高明之士有以教我。

《昙华集》今藏中国国家图书馆，下卷缺第二十九、三十两叶。1987年出版的《北京图书馆古籍善本书目》著录该书为“明释果满撰，明刻本”，显然错了。《昙华集》成书时间应与《复教集》相近，离明初尚有半个多世纪。即使入明后果满本人还在世，其书亦不可能再刻，因为洪武三年（1370）已禁白

① 《汇编》页200。

莲教。该书卷上有《一句弥陀》诗:“一句弥陀赞圣明,八方宁静罢刀兵。如今四海清如镜,手握金鞭贺太平”;卷下又有《伤莲宗》诗:“我念弥陀赞圣明,大开正道与人行。邪气扫尽天龙悦,雨顺风调国太平”。当年著录者断此书为明人撰、明刻本,想是据此两诗。其实两诗中的“圣明”均指恩准“复教”的大元天子仁宗。

元政府给白莲教做的平反工作,可说是认真而具体。皇庆二年(1313)九月,仁宗又颁诏书,将福建建宁路建阳县后山白莲都掌教报恩堂改为报恩万寿堂。诏书全文如下:

> 长生天气力里,大福荫护助里。皇帝圣旨里。行省、御史台官人每根底,宣慰司、廉访司官人每根底,军官每根底,军人每根底,城子里达鲁花赤官人每根底,和尚头目每根底,众百姓每根底宣谕的圣旨。舍利坚、八哈失耶、舍里班交奏:“建宁路后山有的白莲都掌教报恩堂,在先完泽笃皇帝(成宗)与了圣旨来,沈王益知礼布花将引萧觉贵,皇帝潜邸时分献来。后头不理会得佛法的人每,教门沮坏了有。他每合纳的税粮,依体例与了。自己气力抄化盖来的佛堂,常川念经,与上位祈福祝寿做好事有。”么道。奏来。如今这佛堂做报恩万寿堂者,甲乙住

> 持坐者。属这报恩万寿堂的复一堂、清应堂，各处田地里但有的做好事莲堂，管民达鲁花赤官人每提调，休交沮坏者。合纳的税粮，依先体例里更当者；不拣甚么差发休要者；不拣是谁休占做下院者。么道。这都掌教性空普慧居士萧觉贵根底执把圣旨与了也，但属这的每莲堂水土、人口、头疋、园林、碾磨、店舍、铺席、解典库、浴堂、舡只，不拣甚么他每的休夺要者，休倚气力者。这般宣谕了呵，别了的人每不怕那甚么，更这的每倚着这般道来。么道。合纳的税粮不纳，不干碍自己的田地隐藏着，没体例的勾当做呵，他每不怕那。圣旨，牛儿年九月初二日大都有时分写来。[①]

上面我们讲过，这个报恩堂是至大年间萧觉贵经过益智礼普化献给了当时尚是皇太子的爱育黎拔力八达。现在爱育黎拔力八达当了皇帝，故而堂名增添万寿二字。虽然这份诏书重点讲的是报恩万寿堂，其规定适用于“各处田地里但有的做好事莲堂”，把一切“做好事莲堂”都纳入国家保护之下。莲堂的财产不可侵犯，道人只需交纳税粮，免于当差。诏书也

① 《元典章》卷三三《礼部》六《白莲教》（《汇编》页275）。

警告各莲堂不要做逃纳税粮、隐占田地之类“没体例”（不法）之事。

白莲教复教的全过程就是如此，这个过程密切了白莲教头面人物与元廷的关系。普度在这个过程中起的作用，不仅受到当时僧俗人众赞誉，也为近代的白莲教研究者称道。法国汉学家伯希和（P. Pelliot，1878—1945）称赞普度所代表的教派和茅子元以前的白莲社“始终是一种极正大的佛教教派”。[①] 但是，令人不解的是，伯希和在称赞普度的同时，却贬斥茅子元所创之教为“邪教”。这使我怀疑伯希和是否认真阅读过《庐山莲宗宝鉴》和《庐山复教集》。

“复教”之后，各地的白莲堂庵自然又活跃起来。建宁的报恩万寿堂更非昔比，延祐二年（1315）萧觉贵的后继者陈觉琳在吴国公亦黑迷失的赞助下刻印了《毗卢大藏经》。1941 年日本小川贯弌在山西太原崇善寺发现了这部藏经的若干零本，1944 年他在《支那佛教史学》上撰文介绍，题为《元代白莲教的刻藏事迹》。文中提到的有《华严经》第二八、二九卷，《大宝积经》第五二卷，《大般若经》第九一、三二七、三五〇、

① 伯希和《白莲教与白云教研究》，中译文载江苏省立教育学院研究室编《研究季刊》第 1 期，1944 年 1 月。

三七七、三八〇、三八三、三九九、四四〇卷。据1994年上海古籍出版社出版的《中国古籍善本书目·子部》，这部毗卢藏今存三十四卷，分存于中国国家图书馆、山西省图书馆、南京图书馆、湖北省图书馆、四川大学图书馆，可惜未录经目，不知其中有无小川贯弌提到的卷帙。我仅见到国家图书馆藏的两卷，分别是《大宝积经》卷二〇、卷五九，都是亡友贾敬颜教授捐献的。每卷首页均有题记三行，其文作：

福建道建宁路建阳县后山报恩万寿堂嗣教陈觉琳恭为今上皇帝祝延圣寿万安，文武官僚同资禄位，募众雕刊毗卢大藏经板，流通读诵者。延祐二年月日谨题。

这与小川贯弌介绍的一样。每卷末尾有赞助者姓名及出资数，卷二〇为：

光州固始县李觉性、胡氏二娘各刊二纸。祝有才、李诚、张汉用各刊一纸。帅氏妙清刊半纸。陆安州陆安县吴明祖同妻吴氏五娘、周氏妙新、周觉愿、胡氏四娘、尤德明、李觉广、朱氏七娘，已上各刊一纸。共成一卷。上报四恩，下资三有。

第五九卷为：

> 河南江北道汴梁省汝宁府光州固始县回龙山古心堂陈觉圆募众喜舍四十五定，谨刊斯经一十五卷。上报四恩，下资三有者。

小川贯弌也转录了《华严经》卷二九末尾的赞助者题记：

> 长林管林觉宗劓师长、孙师长、赵觉秀、承觉亮、张政等三十九名共舍钞一百四十五贯文。

小川还提到他在其他各卷见到的施舍者姓名，如《大般若经》卷三五〇有志清、德钰、契明、法禧、契隆、元秀等僧尼，卷三七七有廖性空、翁妙清、姜觉遂、郑氏二娘、觉罗、徐觉华、范觉应、郭觉藥，卷三八〇有崇仁县颍秀乡扶摇里遵斋弟子许觉任，卷三八三有邵武县危觉茂，卷三九九有邵武路在城仁寿坊黄觉和，等等。

小川对他掌握的材料做了一些颇有价值的解释，如从题记看施舍者的地域分布及“觉宗”、“师长”的涵义等等。我要补充的是，除了普度在《庐山莲宗宝鉴》中指出的“我是张导师传宗，他是李师长徒弟”，元末明初道士张宇初也讲到至正年间江西新城（今黎川）的“白莲师”虞觉海（下详），杨维桢还讲到天完红巾军中有“妖师”，[①] 大概都与剿师长、孙师长是同一类的。

题记中也有不好懂的地方，例如“陆安州陆安县”，元代或者宋代均无此地名，不知是怎样错讹的。此外，我们也不必把所有施舍人都看成是白莲教徒，因为刻经助缘是奉佛人的常事。总之，毗卢大藏之刻成毕竟显示了白莲教的实力和影响。这同亦黑迷失分不开，所以每卷的末行都用大字刻着“都大劝缘荣禄大夫特加开府仪同三司吴国公亦黑迷失”二十三个字。

复教后的白莲教还对日本产生了影响。日本竺沙雅章教授指出：

> 与普度传有关的事迹中，必须提一下日本入元僧澄圆的事。澄圆在日本文保元年（1317）入元，立即入庐山东林禅寺，从普度禅师受慧远白莲之教，从受《莲宗宝鉴》、《龙舒净土文》等书。他在元亨元年（1321）归国，在堺

① 《俞同知军功志》，《东维子文集》卷二二。

建旭莲社，以把庐山之风带进日本的净土宗而知名。三田全信《旭莲社澄圆的事迹》(《日华佛教研究会年报》四)中对他有介绍。从他入元时间来看，是普度在至大四年从上都归来之后，普度至少在延祐年间（1314—1320）是在庐山东林寺。①

白莲教在英宗时期又遇到一点麻烦，至治二年（1322）闰五月癸卯，元廷又下令“禁白莲佛事”。② 元廷这次举动，除《元史》上有此五字，不见于其他记载，所以无法知道这次禁令的具体内容和实施情况。重松俊章、吴晗以及现今的一些著述认为，这次禁令与武宗至大元年的禁令一样，都是取缔白莲教，从而断定白莲教在元代后期一直处于非法地位。我过去在论文中推论说：“事实未必如此。至大元年‘禁白莲社’，这次是‘禁白莲佛事’；一个是取缔组织，一个是限制活动，二者应有区别，不宜等量齐观。”现在已可断言，事实确非如重松俊章和吴晗所说。读者已经看到，在本书引述的五堂三庵资料中，危素《无量寿庵记》和卢琦《东坡善应庵记》都写于顺帝

---

① 《关于白莲宗》，中译文载《世界宗教研究》1992 年第 2 期“第四次中日佛教学术会议专辑”。

② 《元史》卷二八《英宗纪》二。

至正年间，它们已可证明当时白莲教处于合法地位。更有力的证据是揭傒斯撰写的《觉华塔碑》，我们已引用它的前半部分，其后半部分云：

后师（普度）以至顺元年夏六月四日终于丹阳，年七十六，以浮屠法葬妙果之南麓。后五年，其徒果贵在京师，得分舍利，将建塔城南之从善村海涯里。王为言于上，赐号虎溪尊者、正辩广教真济禅师，其塔曰觉华之塔。且见揭傒斯，著其行于石，臣玄为之书。

延祐中臣在翰林时曾识优昙师，慈济和裕，澄澈畅朗，弊衣粗食，不知有世好。得所施予，即以散贫乏。其能兴复其教，不亦宜乎。师有所著参究调息，空观日观，一相十念六三□，与《宝鉴》并行。谨申之以铭曰：

惟优昙师，起自丹阳，如优昙华，为教之祥。惟师之心，普济群有，如远法师，广慑兼受。当教未坠，由师振之，当教既坠，由师奋之。匪师之勤，匪上之仁，有繁其徒，谁主谁因。师去日远，师教日隆，惟师之恩，惟师之崇。昔绝其教，今赫如初，昔毁其庐，今也奂如。无东无西，无南无北，尊信向慕，无有纪极。惟师之德，惟师之功，树塔南麓，永赞皇风。

这篇碑文有几个问题需要说明。

第一，《隆庆丹阳府志》称它为“欧阳玄碑”，错了。欧阳玄仅是书丹，撰者为揭傒斯。碑文称“延祐中臣在翰林”，这个“臣”是揭傒斯自称，他在延祐元年（1314）入翰林，五年离去，事见欧阳玄撰《元翰林侍讲学士揭公墓志铭》。[①] 欧阳玄入翰林在致和元年（1328），[②] 比揭傒斯晚了十多年。《乾隆江南通志》卷一七四记：“元优昙，丹阳蒋氏子，住丹阳妙果寺。至大初，诏罢莲宗，优昙著《莲宗宝鉴》十卷，上书仁宗，乞复其教。允之，仍命为教主，赐号虎溪尊者。揭傒斯铭其塔。”《乾隆江南通志》是对的。

第二，揭傒斯既是奉敕撰写，例应称“臣傒斯”，今作“且见揭傒斯，著其行于石”，接着却是“臣玄为之书”，此必非碑文原貌。

第三，“王为言于上”，行文突兀，前面必有脱漏。竺沙雅章教授以为此“王”为高丽国王王璋（益智礼普化），这不可能，因为王璋在泰定二年（1325）已经去世，比普度早逝五年，见郑麟趾《高丽史》卷三四《忠宣王世家》二。此“王”

① 《圭斋文集》卷一〇。
② 《元史》卷一八二《欧阳玄传》。

究竟是谁，碑文没有提供什么线索，恐难查考。

我们现在读到的这篇碑文虽然已非原貌，其史料价值仍然很高，它不仅提供了普度的若干事迹，而且证实了从仁宗即位到顺帝元统三年（1335，碑文撰于这一年）的二十三年间，白莲教一直处于合法地位。碑文没有提到英宗至治年间“禁白莲佛事”，它拿白莲教在顺帝初期的盛况与至大年间遭受的打击作了对比：“昔绝其教，今赫如初，昔毁其庐，今也奂如。”可见白莲教在至大四年“复教”之后振兴如旧。而普度身后敕赐碑文一事，无疑体现了官方对白莲教的重视。由此可以判断，至治元年的“禁白莲佛事”并非再禁白莲教，而是对白莲教活动的某种限制，并且时间短暂，对普度其人与白莲教均无多大影响。

普度成功地使白莲教恢复了合法地位，但他企图扭转白莲教演变蜕化的努力却以失败告终。原因不难想见，他那个东林寺白莲祖堂对遍布各地的白莲教堂庵根本不具有任何约束力。他那部《庐山莲宗宝鉴》写得再好，处于下层社会的堂庵道人有多少人能读到，又有多少人能读懂？在复教成功以后，普度师徒继续为清除教内的异端邪说而努力。《昙华集·千种弥陀》诗称：

莲社只论修净业，邪魔爱说福和灾。于时惑众遭魔障，莫道龙天眼不开。

道人不肯念阿弥，密地传邪诳世迷。多少呆郎为毒中，生遭王法堕阿鼻。①

可是，这种对爱说福和灾的道人的谴责没有用处。在元末明初道士张宇初的《岘泉集》卷二有一篇《新城县金船峰甘露雷坛记》，其文云：

江右真仙灵迹之胜莫著于盱，若南城之麻姑仙坛，南丰之神龟冈，新城则金船峰甘露雷坛居其一也。峰高逾百仞，蜿蜒支阜数十里许。去县十里而近，日峰削其前，香山挹其后，峰之颠为三济禅师坛。元至正甲申（1344），有为白莲师者虞觉海，闻闽之杉关戴某延武夷山月闲汪真人崇桧有奇验，遂迎居焉。真人姓汪氏，讳道一，字朝道，世为信之龙虎人，父文富。真人生有异征，暨长超悟不羁。丙子（1336）秋，武当山张真人守清来游龙虎，曾旅文富家，一见异之，谓曰："是儿非庸质，幸侍我，后当为令器。"遂挟入武当，守清授以金丹雷霆秘诀，一语

① 《汇编》页233。

> 有省。……元季兵兴，闽多疾疫，光泽、杉关为甚。戴某、黄某闻其贤，首致之，皆验。一日，登高叹曰：“盱之新城，山水差秀丽，吾当往焉。”未几，觉海果延居之，所治辄神。邑大姓若范、张、王、刘者皆礼之于家。以是凡雨旸疾魅，叩之皆验。……辛卯（1351），民罹兵燹，言皆验，或复叩之，默不复语。壬辰（1352），兵愈炽，觉海延真人居三际坛，登山右，低徊久之，见山势奇绝，曰：“此胜地也，宜居之。”因藉茅栖焉。其徒陈觉坚复欲募众充大之。真人笑曰：“焉用是为，异日自有成者，是岂久耶！”

据《四库全书总目提要》，张宇初为贵溪人，系张道陵四十三世孙，洪武十年（1377）掌道教，卒于永乐八年（1410），有《岘泉集》二卷。这篇《甘露雷坛记》著于洪武十二年，讲的是道士汪道一的灵验。我们要注意的不是汪道士，而是“白莲师”虞觉海及其徒陈觉坚。新城即今江西黎川。从张宇初的叙述看，虞觉海应是新城有点名望的白莲道人，汪道士是受虞的邀请客居新城，两人合作，说灾道福，问疾驱魅。张宇初站在道士的立场，乐于为他们鼓吹。但如放在普度、果满眼中，岂不都该堕入阿鼻地狱？

第八章

白莲教与明教

- 明教在元代
- 吴晗的明教与诸教混合论

明教即摩尼教，创建者为波斯人摩尼（216—约277）。其教崇拜光明，故而传入中国后又称明教。明教教义主要源自袄教（拜火教），同时糅入佛教、基督教等教义。最高主神为明尊，其下有多个明使，摩尼本人亦为明使。主要经典为《二宗三际经》。二宗指光明与黑暗，亦即善与恶；三际为初际、中际、后际，也就是过去、现在和未来。合起来是说，世界初际明暗对峙，互不侵犯；中际明暗交糅，反复争斗；后际斗争息灭，明暗各归本位。明使在中际奉明尊召唤出世，任务是“教化众生，令脱诸苦”。[①] 明教约在六至七世纪传入中国，至宋大

① 《摩尼教残经一》，见林悟殊《摩尼教及其东渐》，中华书局，1987年，页219。

盛，明代犹存。汉译明教经典多采用佛教语言。

关于明教的基本教义以及其教在中国传播的大致情况，学术界已有许多论述，无需重复。上面简略交代几句，以便讨论一个老问题：明教与白莲教在宋元时代是否已经混合？

明教本就含有佛教成分。但白莲教与明教除了源头上有点关系，可说是互不相涉。谈白莲教本可不谈明教，就像早年研究明教的几位大家不谈白莲教一样。但是，自从1941年吴晗在《清华学报》发表《明教与大明帝国》以来，“明教之久已合于白莲社”的说法不断为人沿用，几乎成为定论。1983年我在《元代的白莲教》一文中曾对吴晗的说法加以辩驳，但至今仍有人引用吴说，故而有必要再加讨论。不过，我要预先提请读者注意，吴晗文章主要是使用“白莲社”这个名称，只是在讲到元中叶以后才随着史籍记载的字样而不自觉地兼用“白莲教”或“白莲会”。吴晗笔下的“白莲社”不完全等于本书说的白莲教。我们虽然也把茅子元创建的白莲教称作白莲社，但绝不把茅子元之前的白莲社称作白莲教。这个概念上的区别虽然细微，却对准确理解吴晗的意思至关重要。这是我过去没有发现的，原因下文自见。

《明教与大明帝国》有四处断言明教与白莲社混合，第一处是在引陆游《条对状》之后，吴晗说：

> 白云宗、白莲社与明教至宋后期及元代，已混杂不清，据陆游所言，则在南宋初期，已开始合流矣。[①]

第二处是在述祆教火神与阿弥陀佛衣色都尚红之后，他说：

> 白莲社奉阿弥陀佛，明教与白莲社之混合或早在北宋已开其端。[②]

第三处称：

> 明教在会昌禁断后，已合于佛，……至北宋末又与出自佛教净土宗之白莲社合，与出自佛教净土宗之弥勒佛教合。（或更前，今未能定。）至元末遂有红军之全面起义。[③]

第四处引李守谦《戒事魔诗》与《佛祖统纪》末卷所记“良渚曰：〔摩尼、白莲、白云〕三者皆假名佛教以诳愚俗……”一

① 《读史札记》，页246。
② 《读史札记》，页251。
③ 《读史札记》，页254。

段，然后说：

> 由此知三派佛教徒并斥为事魔邪党。不事荤酒，不杀物命，修忏念佛，均托于佛教，则三派之混合已久可知。①

将这四处说法合起来看，可知吴晗的结论是，明教与白莲社在北宋末已经混合了。

吴晗的结论是可以接受的吗？我们先看他第一处引的陆游《条对状》：

> 自古盗贼之兴，若止因水旱饥馑，迫于寒饿，啸聚攻劫，则措置有方，便可抚定，必不能大为朝廷之忧。惟是妖幻邪人，平时诳惑良民，结连素定，待时而发，则其为害，未易可测。伏缘此色人处处皆有，淮南谓之二桧子，两浙谓之牟尼教，江东谓之四果，江西谓之金刚禅，福建谓之明教、揭谛斋之类，名号不一，明教尤甚。至有秀才吏人军兵亦相传习，其神号曰明使，又有肉佛、骨佛、血佛等号，白衣乌帽，所在成社。伪经妖像，至于刻版流

① 《读史札记》，页257。

> 布，假借政和中道官程若清等为校勘，福州知州黄裳为监雕。以祭祖考为引鬼，永绝血食，以溺为法水，用以沐浴。其他妖滥，未易概举。烧乳香，则乳香为之贵；食菌蕈，则菌蕈为之贵。更相结习，有同胶漆。万一窃发，可为寒心。汉之张角，晋之孙恩，近岁之方腊，皆是类也。欲乞朝廷戒敕监司守臣，常切觉察，有犯于有司者必正典刑，毋得以习不根经教之文，例行阔略。仍多张晓示，见今传习者，限一月，听赍经像衣帽赴官自首，与原其罪。限满，重立赏，许人告捕。其经文印版，令州县根寻，日下焚毁。仍立法，凡为人图画妖像及传写刊印明教等妖妄经文者，并从徒一年论罪，庶可阴消异时窃发之患。①

以上是《条对状》有关“妖幻邪人”一节的全文。这节文字对研究明教的流传很可贵，但对研究白莲社及其与明教的关系无

① 《渭南文集》卷五，见《陆游集》，页2015。陆游上状时间，学者看法不一。伯希和、沙畹《摩尼教流行中国考》定为1166年（乾道二年），陈垣《摩尼教入中国考》说是孝宗初年（1163），朱东润《陆游传》置于绍兴三十二年（1162）。《宋史》卷三三《孝宗纪》载，绍兴三十二年十二月“戊辰，诏侍从台谏集议当今弊事，仍命尽率其属，使极言无隐”。戊辰为当月六日，正与《条对状》首句“准今月六日诏书节文，令侍从台谏取当今弊事，悉意以闻，退率其属，极言毋讳”合。朱说为是。

用，因为其中根本没有讲到白莲社，怎能用它来说明白莲社与明教“在南宋初期已开始合流矣”？

再看第二处。如果事情像吴晗说的“祆教之火神色尚红，而佛教净土宗之阿弥陀佛又属红色”便可证明“明教与白莲社之混合”，则两教本是一家，岂止是“混合”而已。

第三处纯属断语，未述理由，可以不论。

第四处引《佛祖统纪》末卷之“良渚曰”一段，原文为：

> 良渚曰：“此三者皆假名佛教以诳愚俗，犹五行之有沴气也。今摩尼尚扇于三山，而白莲、白云处处有习之者。大抵不事荤酒，故易于裕足；而不杀物命，故近于为善。愚民无知，皆乐趋之，故其党不劝而自盛。甚至第宅姬妾为魔女所诱，入其众中，以修忏念佛为名，而实通奸秽。有识士夫，宜加禁止。”

良渚这段话本书第三章已经引过，我并且指出，自“今摩尼尚扇于三山”一句起，以下的话应是志磐的。但是，不论这些话是志磐的还是宗鉴的，都足以说明直到南宋后期三者并没有混合，否则怎样分得清何者“尚扇于三山”，何者“处处有习之者”？难道三者混合后仍是各用各名？各用各名的混合，是个怎样的混合？

“吴晗的推理颇欠周密”，是我在1983年对他文章的评论。但令我更加不解的是，宗鉴、志磐讲的“白莲”都是指南宋茅子元创建的教派，吴晗推理再欠周密，也不至于把南宋才建立的教派说成北宋时已同他教混合吧。何况在《佛祖统纪》中紧置于“良渚曰”之前的就是下面这段话：

> 白莲菜者，高宗绍兴初吴郡延祥院僧茅子元依仿天台出《圆融四土图》、《晨朝礼忏文》，偈歌四句，佛念五声，劝男女修净业，戒护生为尤谨，称为白莲导师。有以事魔论于有司者，流之江州。其徒展转相教，至今为盛。[1]

这段话莫非吴晗没有读到，他用的“良渚曰”一段是从别处转引的？带着这个疑问，我再次查阅《明教与大明帝国》，这才注意到吴晗对他所引史料的来源有一段说明：

> 所述明教唐宋二代史迹，大部分多从沙畹《摩尼教流行中国考》（冯承钧译商务印书馆版）、王国维先生《摩尼

① 《佛祖统纪》卷五四《历代会要志》（《汇编》页281）。

> 教流行中国考》(《海宁王静安先生遗书》册一一)、陈垣先生《摩尼教入中国考》(北京大学《国学季刊》一卷二号)、牟润孙先生《宋代摩尼教》(辅仁大学《辅仁学志》七卷一、二期)诸文引用，他山之助，谨申谢意。[①]

根据吴晗的说明，我查了沙、王、陈三人的文章。果不其然，吴晗是从他们那里转引的。具体地说，是从伯希和、沙畹文章转引的，因为王国维的引文改动了几个字，陈垣的引文删去了三十余字，唯有伯希和、沙畹的引文与吴晗一致。伯希和等人的三篇文章只谈摩尼教，都不引“良渚曰”之前的“白莲菜者”一段，吴晗转引而不复查原书，以致不知“良渚曰”的“白莲”是指南宋茅子元创建的白莲教。换句话说，写《明教与大明帝国》时的吴晗，完全不知茅子元其人其事。

吴晗发生这一错误，有其客观原因。他的文章写于抗日战争时期的云南，检书之难可想而知。选择的题目又是冷门，可供参考的前人研究著作很少（日本重松俊章的《初期的白莲教会》虽已译出，吴晗未必看到)。那时对摩尼教的研究至少经历过一个资料积累阶段，从伯希和、沙畹揭出大量汉籍记载开始（1911—

① 《读史札记》，页237。

1913)，再经王国维（1921）、陈垣（1923）相继补充增益，为摩尼教研究打下了较好的基础。相比之下，国内对宋元白莲教资料的收集只能说是刚刚开始，吴晗不知茅子元其人其事也不足深怪。倒是我们这些后来者，无论是吴晗混合论的赞成者还是混合论的反对者如我，在读了《明教与大明帝国》多年之后方明白吴晗说的白莲社同我们说的白莲教并非一回事，才是粗疏得可以。

当然，吴晗的混合论终究是不可接受的，用于他说的白莲社不可，用于我们正在研究的白莲教亦不可。今天我们掌握的宋元白莲教资料比六十多年前吴晗掌握的多多了，我们既能看到对白莲教五堂三庵的正面报道，又能读到普度对白莲教中种种混乱情况的揭露，试问一句，有哪一条资料是可以证明白莲教与明教混合的？没有，一条也没有。反过来，从元明两代关于明教的记载中，我们也看不到白莲教渗入明教的迹象。

在元代，明教是一个独立的宗教，具有合法地位。明教在元代主要流传于闽、浙一带。何乔远《闽书》关于泉州华表山元代摩尼教草庵的记载是众所周知的，草庵遗物至今犹存。①温州的明教“造饰殿堂甚侈，民之无业者咸归之”。② 元人陈高

---

① 吴文良《泉州宗教石刻》，科学出版社，1957 年，页 44；李玉昆《福建晋江草庵摩尼教遗迹探索》，载《世界宗教研究》1986 年第 2 期。

② 宋濂《故岐宁卫经历熊府君墓铭》，《宋文宪公全集》卷三一。

(1315—1367) 写有一篇《竹西楼记》，介绍了温州平阳一所明教寺院的情况：

温之平阳有地曰炎亭，在大海之滨，东临海，西南北三面皆山，山环之若箕状。其地可三、四里，居者数百家，多以渔为业。循山麓而入，峰峦回抱，不复见海。其中得平地，有田数百亩，二十余家居之，耕焉以给食，有潜光院在焉。潜光院者，明教浮图之宇也。明教之始，相传以为自苏邻国流入中土，瓯闽人多奉之。其徒斋戒持律颇严谨。日一食，昼夜七持咏膜拜。潜光院东偏，石心上人之所居也，有楼焉，曰竹西楼。当山谷之间，下临溪涧，林树环茂。楼之东植竹，其木多松槠桧柏，有泉石烟霞之胜。而独以竹名焉者，盖竹之高标清节，学道者类之，故取以自况云。乡之能文之士，若章君庆、何君岳、林君齐、郑君弼，咸赋诗以歌咏之。斯楼之美与竹之幽，固不待言而知矣。石心修为之暇，游息于是。山雨初霁，冷风微来，如挹琅玕之色，听环佩之音焉。而又仰观天宇之空旷，俯瞰林壑之幽深，翛翛然若游于造物之表，而不知人世之为人世也。石心素儒家子，幼诵六艺百氏之书，趋淡泊而习高尚，故能不汩于尘俗而逃夫虚空。其学明教之学者，盖亦托其迹而隐焉者欤。若其孤介之质，清修之操，真可无愧于竹哉！楼建于某年。石心之师曰德山，实经营之。石心名道坚。至正十一年七月望记。①

陈高字子上，号不系舟渔者，温州平阳（今属浙江）人，至正十四年进士。《竹西楼记》写于元末农民战争爆发当年，晚于《佛祖统纪》成书八十余年。所记明教徒戒律，与摩尼教经典相符。“日一食”，有敦煌所出《摩尼教残经一》为证：“年一易衣，日一受食，欢喜敬奉，不以为难。”南宋黄震于景定五年（1264）写的《崇寿宫记》，也提到当时明教修持者“戒行尤严，日惟一食，斋居不出户”。崇寿宫在慈溪西。②每日七次祈祷，也是传统的摩尼教仪轨，伯希和曾指出“摩尼教徒每日祈祷四次或七次”。③按陈高所述，石心是托身于明教的隐者，竹西楼为其师德山所建。他们师徒应是明教僧侣而非一般信众。包括陈高在内的“能文之士”乐于同石心交往，是因为石心饱学能文，情趣脱俗。不过，《竹西楼记》主要是写其

① 《不系舟渔集》卷一二。

② 《黄氏日抄》卷八六。

③ 《福建摩尼教遗迹》，注二四，《西域南海史地考证译丛》第九编，页135。

楼环境之幽美，对潜光院并未着墨。潜光院是否亦如宋濂所述“造饰殿堂甚侈”，不得而知。

据《民国平阳县志》，大约与潜光院同时，在距潜光院不远的地方还有一座明教寺院，名选真寺。邑人孔克表《选真寺记》略云：

> 平阳郭南行百十里，有山曰鹏山，彭氏世居之。从彭氏之居西北，有宫曰选真寺，为苏邻国之教者宅焉。盖彭氏之先所建也。故制陋朴，人或隘之。彭君如山奋谓其侄德玉：“愿力事兹役，汝其相吾成。”乃崇佛殿，立三门，列左右庑，诸所缔构，演法有堂，会学徒有舍，语处食寝有室，以至厨井库廪湢圊之属，靡不具修。都为屋若干楹，即寺之东庑作祠宇，以□神主。又割田如干亩，赋其金用供祀飨。继德玉而成，君之孙文复、文明、文定、文崇、文振也。君名仁翁。[①]

孔克表字正夫，孔子五十五代孙。至正八年（1348）进士，授

① 转引自林顺道《苍南元明时代摩尼教及其遗迹》，载《世界宗教研究》1989年第4期。

建德录事，三迁至永嘉县尹。洪武六年（1373）以荐为翰林修撰，仕至礼部尚书。[①]《选真寺记》当写于元末。孔氏既称该寺“为苏邻国之教者宅”，必是明教寺院无疑。潜光院规模或与选真寺同。孔克表与陈高都是元末进士，他们都不以明教为非，足见当时明教不仅是公开的合法的宗教，还赢得一些儒者的尊重。从潜光院和选真寺看不到一丝白莲教渗入明教的痕迹。

明教在元代有专人管领。吴文良《泉州宗教石刻》收有一块仁宗皇庆二年（1313）的墓碑，碑上有汉字两行，全文是：

> 管领江南诸路明教秦教等也里可温马里失里门阿必思古八马里哈昔牙，皇庆二年岁在癸丑八月十五日帖米答扫马等泣血谨志。

皇庆二年即白莲教复教第三年。元政府将白莲教置于管理佛教的宣政院之下，而将明教与秦教（即景教）合在一处管理，区分很清楚。

以上这些事实在我看来，一足以证明白莲教与明教并未混

---

① 据《元人传记资料索引》、《明人传记资料索引》。

合，二足以证明明教在元代是公开的合法的教门。但是，如果不讲清楚另一个问题，这两点恐怕永远会遭到一部分研究者的反对，那就是"白衣"问题。看看数十年来研究弥勒教、摩尼教、白莲教的论著就会知道，"白衣"两字在有些研究者笔下，或是某教派的代称，或成为判断某教派与某教派混合的标志。个别研究者的文章甚至专以收集和排列"白衣"为务。风气所及，连一些知名学者也受影响。例如，过去陈垣、冯承钧、吴晗都以为明教在元代是受禁止的，[①] 他们的共同依据是《元史》卷一〇五《刑法志》四的一条禁令："诸以白衣善友为名，聚众结社者，禁之。"他们把"白衣善友"当作明教的别称，这是错误的。在历史上，"白衣"除了指白色的衣服外在不同时代不同场合还有不同涵义。现今大家通用的《汉语大词典》就列出七种释文，其中第七种是"佛教徒着缁衣，因称俗家为'白衣'"，下面还举出从东晋到民国的书证四条。对某处"白衣"作何理解，要据具体场合和上下文来定。《元史》卷一〇五《刑法志》中的"白衣善友"是在下面这段文字中出现的：

① 《陈垣学术论文集》，页 373，冯承钧《西域南海史地考证译丛》第八编，页 96，吴晗《读史札记》，页 253。

> 诸弃俗出家，不从有司体覆，辄度为僧道者，其师笞五十七，受度者四十七，发元籍。诸以白衣善友为名，聚众结社者，禁之。诸色目僧尼女冠，辄入民家强行抄化者，禁之。

因此，这里的“白衣”即指与弃俗出家者相对的在家俗人，不是指某个教。读者想必记得，宗鉴《释门正统》曾讲白莲教因“白衣展转传授，不无讹谬”，那个“白衣”同《元史·刑法志》的“白衣”意思相同，即指在家修行的俗人。具体地说，宗鉴的话是指“在家出家”的白莲道人；如果用来指明教，岂不成了茅子元的见解因为明教徒的展转传授而不无讹谬了？“善友”一词，本是佛教徒之间的称呼；推而广之，成为各教门内教徒之间的称呼，一如“社友”、“道友”。“白衣善友”即指在家的教徒，而不论何教。例如，本书下章将要讲到镇江寿邱山麓的龙华会，此会便是“白衣善友焚修之所”，入会的白衣善友供奉弥勒佛，都是“有头发人”。[①] 可知《元史·刑法志》所载的这条禁令是禁一切在家的宗教徒聚众结社，并非禁明教。至于元政府这条禁令的实施状况如何，那是另一个

① 《至顺镇江志》卷九。

问题。

入明以后，明教与白莲教同属在禁之列。直到那时，两教的分别仍很清楚。洪武三年（1370）禁“左道”，“白莲社、明尊教、白云宗”三者并列。[①] 洪武七年刊布的明律，亦禁“妄称弥勒佛、白莲社、明尊教、白云宗等会”。[②] 元、明时人从来没有把白莲教与明教混为一谈。

顺便说说，明初的严厉禁令并没有使明教绝迹。除了泉州草庵因郁新（？—1405）、杨隆等奏留得存，建宁的明教堂直到弘治二年（1489）才被知府刘玙撤毁。这所明教堂“颇宏丽”，撤毁后其故址改建为祠堂，其材料用作修文庙的春风堂。[③]

鉴于吴晗的混合论至今影响不减，在结束本章之前我想回过来对它再讲几句。

读过《明教与大明帝国》的部分读者可能已注意到，在吴晗笔下与明教混合的远不止白莲（社或教）一家。我来排列一下，并在吴晗的文字后面注上《读史札记》页码，以便读者查对：

---

① 《明太祖实录》卷六四。

② 《大明律》卷一一《礼律·禁止师巫邪术》。

③ 《嘉靖建宁府志》卷一一《祀典》、卷一七《学校》。

一、“当唐末五代时，明教已与三阶教混合矣。”（页243）

二、“白云宗、白莲社与明教至宋后期及元代，已混杂不清。……在南宋初期，已开始合流矣。”（页246）

三、“明教传播既遍东南，为避免政府之禁令，每与其他秘密会社合。”（页246）

四、“在南宋后期，明教且合于禅宗，自以为真禅矣。……宋儒多引禅宗以讲学，明教则遂与之合矣。”（页249）

五、“明教在会昌禁断后，已合于佛，已混于道，又与出自佛教之大乘教、三阶教合。至北宋末又与出自佛教净土宗之白莲社合，与出自佛教净土宗之弥勒佛教合。”（页254）

根据吴晗这些说法，明教所至，三阶教、白云宗、白莲社、禅宗、道教、大乘教、弥勒教以及其他秘密会社都同它混合了，简直是无往不合。但是，明教与这些教合了什么呢？是教名，是主神，是经典，是仪轨，还是组织？吴晗一概没有明确的说法，只是在引“良渚曰”以后说“不事荤酒，不杀物命，修忏念佛，均托于佛，则三派（白云、白莲、摩尼）之混合已久可知”。可是，我们都知道，“不事荤酒”等等都是三者原有的，不能用来证明它们的混合。如果换个话题，改问明教在与许多教门混合之后自身有什么变化，吴晗倒是有个明确的说法：“明教徒信奉其教规律至严，历唐宋二代数百年仍无改其教旨也。”① 这个说法无疑是正确的，即使经历了元代，明教徒仍未改变其教旨。但是，吴晗这个说法与他本人下大力论证的明教与别教混合的说法却是不相容的。不能想象，明教在与那么多的教门“混合”以后自己仍无改变，除非是明教吃掉了那些教门，那就不成其为“混合”。今天倡混合论者仍然不少，应该对吴晗的说法有所辨析。

① 《读史札记》第二四八页。

第九章
白莲教与弥勒净土信仰

- 弥勒净土信仰和弥勒下生故事
- 弥陀弥勒，难解难分
- “弥勒下生，欺贤罔圣”

明教与白莲教无关。在元代渗入白莲教并且终于使它大为改观的是弥勒净土信仰；更准确地说，是“弥勒下生”故事。

弥勒净土信仰也起源于印度，传入中国的时间可能与弥陀净土信仰相同或稍早。汉译弥勒经典最重要的是西晋竺法护（他在266—308年译出大量佛经）译的《弥勒下生经》、后秦鸠摩罗什译的《弥勒成佛经》和刘宋沮渠京声译的《观弥勒菩萨上生兜率陀天经》（简称《弥勒上生经》），合称弥勒三部经。

按照《弥勒上生经》的说法，弥勒出生于一个大婆罗门家族，生时在释迦牟尼身边听法，死后上升兜率天。这个兜率天即弥勒净土，其境美妙非常。《弥勒上生经》说：

尔时兜率陀天上有五百亿天子，一一天子皆修甚深檀波罗蜜，为供养一生补处菩萨故，以天福力造作宫殿，各各脱身旃檀摩尼宝冠，长跪合掌发是愿言："我今持此无价宝珠及以天冠，为供养大心众生故。此人来世不久当成阿耨多罗三藐三菩提，我于彼佛庄严国界得受记者，令我宝冠化成供俱。"如是诸天子等各各长跪发弘誓愿，亦复如是。时诸天子作是愿已，是诸宝冠化作五百亿宝宫；一一宝宫有七重垣；一一垣七宝所成；一一宝出五百亿光明；一一光明中有五百亿莲华；一一莲华化作五百亿七宝行树；一一树叶有五百亿宝色，一一宝色有五百亿阎浮檀金光；一一阎浮檀金光中出五百亿诸天宝女；一一宝女住立树下，执百亿宝无数璎珞，出妙音乐；时音乐中演说不退转地法轮之行。其树生果，如玻璃色，一切众色入玻璃色中。是诸光明右旋宛转，流出众音，众音演说大慈大悲法。一一垣墙高六十二由旬，厚十四由旬；五百亿龙王围绕此垣，一一龙王雨五百亿七宝行树。庄严垣上，自然有风，吹动此树，树相接触，演说苦、空、无常、无我诸波罗蜜。

这就是弥勒所在的兜率天，描述得可谓极尽夸张之能事，单是宝女的数量就够人算一阵子的。诸宫中尤以弥勒的善法堂最为胜妙，天女、珠宝无数。弥勒在兜率天为那里的“诸天子”演说佛法，“度诸天子”。世人只要诚心礼拜弥勒，持五戒（不杀生、不邪淫、不偷盗、不妄语、不饮酒）、八斋、十善（八斋、十善都是在五戒上再加几条），观想弥勒和兜率天的庄严美妙，死后就能往生兜率天，“自然得此天女侍御”。如同弥陀经典把信众分为上、中、下三辈一样，弥勒经典也把信众分为三等：第一等是佛弟子中“精勤修诸功德，威仪不缺，扫塔涂地，以众名香妙华供养，行众三昧，深入正受，读诵经典”者，他们“命终之后，譬如壮士屈申臂顷，即得往生兜率天”；第二等人“是诸大众若有得闻弥勒菩萨摩诃萨名者，闻已欢喜，恭敬礼拜，此人命终，如弹指顷即得往生”；第三等人是“犯诸禁戒，造众恶业”的男女，他们只要闻弥勒菩萨名字，“五体投地，诚心忏悔，……礼拜系念”，命终时“须臾即得往生”。总而言之，只要是“礼敬弥勒者，除却百亿劫生死之罪”。

如果单看《弥勒上生经》，很容易使人感到往生兜率天与往生弥陀的西方极乐世界大同小异。但是，弥勒的故事到此还没有完，它还有个“下生”的情节。按照经典，弥勒现时在兜率天尚是菩萨身份，他还要在五十六亿余万年之后从兜率天下生人世，在华林园中龙华树下三会众生，广度世人，终乃成佛。这个“下生”情节是弥陀故事没有的，而且当弥勒下生持世时，世界变得美好无比，充满幸福欢乐。《弥勒成佛经》说，那时世人“智慧威德，五欲众具，快乐安稳，亦无寒热风火等病，无九恼苦。寿命具足八万四千岁，无有中夭。人身悉长一十六丈，日日常受极妙安乐。……女人年五百岁尔乃行嫁”。又说那时“其土安稳，无有怨贼劫窃之患。城邑聚落，无闭门者。亦无衰恼、水火刀兵及诸饥馑毒害之难”。还说那时“天园成熟香美稻种，……一种七获，用功甚少，所收甚多，谷稼滋茂，无有草秽”。弥勒下生之时，人间亦成净土。

两晋南北朝时期，信仰弥勒非常普遍，甚或超过弥陀。写过《阿弥陀佛像赞》的名僧支道林也写有《弥勒赞》。弥勒净土信仰最有力的提倡者是慧远之师道安，他常与弟子法遇等“于弥勒前立誓愿生兜率”。那时大江南北雕造弥勒像的风气很盛，周绍良先生曾列举云冈石窟和龙门石窟的弥勒造像予以说明。周先生还指出：

现存一些弥勒造像题记是极为众多的，大致分析其内容，主要是：一、为国家（包括当代皇帝）祈祷祚运昌隆；二、祈愿父母（包括七世父母）和子息及一切眷属亡者往生天堂，离苦受乐；三、为一切眷属消灾延寿；四、祈求弥勒下生，造福人间。愿望各有不同，归纳起来，不外乎此。①

由于弥勒故事与弥陀故事有部分相似，有些佛教信徒对弥勒、弥陀的区别不大分得清，因而“造弥勒而发愿往生西方弥陀净土者有之”。例如北魏太和二十三年（499）比丘僧欣造像记：

> 为生父母并眷属师僧，造弥勒石像一躯，愿生西方无量寿佛国，龙华树下三会说法，下生人间侯王子孙，与大菩萨同生一处。愿一切众生普同斯福。所愿如是。②

自然，把无量寿佛国与龙华三会搞混的现象只存在于社会下层，那些能读佛典的僧人和文士是不会弥陀、弥勒不分的。

入隋以后，弥陀信仰大盛。弥勒信仰虽不如前，但从未断绝。唐朝名僧玄奘（约600—664）、窥基（632—682）师徒都是弥勒净土的信奉者。《续高僧传》卷四《玄奘传》记奘临终时“默念弥勒，令傍人称曰：‘南谟弥勒如来，应正等觉，愿

---

① 《弥勒信仰在佛教初入中国的阶段和其造像意义》，载《世界宗教研究》1990年第2期。

② 任继愈主编《中国佛教史》，第三卷，页603。

与含识，速奉慈颜；南谟弥勒如来，所居内众，愿舍命已，必生其中。’”由于道绰在其《安乐集》中扬弥陀净土而贬弥勒净土，在唐代僧人中还一度引发两种净土孰高孰低的争论。但是，弥勒和弥陀毕竟是有不解之缘的，弥勒的名字在主要的弥陀经典中屡屡出现，阿弥陀佛的许多神异就是通过释迦与弥勒的对话介绍出来的。例如《无量寿经》末尾写释迦牟尼结束讲经：

> 佛告弥勒："其有得闻彼佛（指阿弥陀佛）名号，欢喜踊跃，乃至一念，当知此人为得大利，则是具足无上功德。是故弥勒，设有大火充满三千大千世界，要当过此闻是经法（指《佛说无量寿经》），欢喜信乐，受持读诵，如说修行。所以者何？多有菩萨欲闻此经而不能得。"

因有经典为据，佛教寺院常将释迦、弥陀、弥勒三像并列，如南宋绍熙四年（1193）庆元（今浙江宁波）法慈院建成忏堂，"奉释迦于中，而左则弥勒，右则无量寿"。[①] 在弥陀净土道场

① 陆游：《法慈忏殿记》，《渭南文集》卷二一（见《陆游集》，页2172）。

中，除了唱诵阿弥陀佛名号，也要唱诵“南无当来弥勒佛”。[①] 白莲教渊源于弥陀净土，弥勒在白莲教徒的信仰中自然也占一席之地。普度在《庐山莲宗宝鉴》最后一节说：

> 愿尽此报身，同生安养国，常修六念及六波罗，广运四心与四弘誓。发四十八愿如阿弥陀，得念佛三昧如大势至；修普贤之行愿，等观音之慈悲；学大智慧如文殊，次登补处如弥勒。[②]

但是，普度严厉斥责白莲教中有人托称“弥勒下生”的行为，他称这种行为是“欺贤罔圣”，“误人自误，堪可悲哉”。[③] 普度的斥责是有道理的：首先，即便根据弥勒经典，弥勒下生也是若干亿万年之后的事，此前现实世界不可能有弥勒下生；其次，自北魏以来造反者（未必是农民起义）已多次以“弥勒下生”为口号，为统治者深忌，普度当然不愿看到白莲教徒自称“弥勒下生”。普度没有料到，几十年后教中有人对“弥勒下生”的宣传竟然超过了“弥陀出世”。

---

① 王子成《礼念弥陀道场忏法》卷二。

② 《庐山莲宗宝鉴》卷一〇《念佛正论·誓愿流通》（《汇编》页164）。

③ 《庐山莲宗宝鉴》卷一〇《念佛正论·破妄说灾福》（《汇编》页145）。

根据《元史》，在元末农民战争以前发生过两次同宣扬“弥勒下生”有关的事件。第一件发生在泰定二年（1325）六月，《元史》记载极为简略：

> 丁酉，……息州民赵丑厮、郭菩萨妖言弥勒佛当有天下，有司以闻，命宗正府、刑部、枢密院、御史台及河南行省官杂鞫之。①

息州即今河南息县。此案费解之处在于，区区小民何劳宗正府、刑部、枢密院、御史台这些高级衙门都参加审问。但史籍只有这点记载，无从探究。

第二次事件发生在信阳（今属河南），犯案人为棒胡，时间是顺帝至元三年（1337）：

> 二月，壬申朔，……棒胡反于汝宁信阳州。棒胡本陈州人，名闰儿，以烧香惑众，妄造妖言作乱，破归德府鹿邑，焚陈州，屯营于杏冈。命河南行省左丞庆童领兵讨之。……己丑，汝宁献所获棒胡弥勒佛小旗、伪宣敕并紫

① 《元史》卷二九《泰定帝纪》一。

金印、量天尺。

五月，……戊申，诏：“汝宁棒胡，广东朱光卿、聂秀卿等，皆系汉人。汉人有官于省、台、院及翰林、集贤者，可讲求诛捕之法以闻。”①

棒胡的案情无疑比赵丑斯等严重，其起事地点紧靠息州。当时伯颜当政，朝中排汉势力上升，有意把事情做大。同书卷一八二《许有壬传》记：

会汝宁棒胡反，大臣有忌汉官者，取贼所造旗帜及伪宣敕班地上，问曰：“此欲何为耶?”意汉官讳言反，将以罪中之。有壬曰：“此曹建年号，称李老君太子，部署士卒，以敌官军，其反状甚明，尚何言!”其语遂塞。

棒胡既造弥勒佛小旗，又称李老君太子，显然是搞杂烩。

迄今为止，在元代还没有找到径称弥勒教的教派，想必是它流传的广度远远不及白莲教，故而留下的记载极少，但绝不能说元代没有信奉弥勒的组织。镇江寿邱山麓的龙华会是现已

① 《元史》卷三九《顺帝纪》二。

找到的唯一的专奉弥勒的组织，据称此会“自亡宋至今四百余年”（应是三百余年），至顺间（1330—1332）住持为蒋汝静，此人“有头发”而“无媳妇”，有点像全真道徒。其会有大圣殿、赵处士堂，“每岁三月三日，江淮之民相继来此，焚香设斋供甚盛，数日而后已”。[①]

以上是我们现在仅知的元代弥勒净土信仰流传的状况。当然有可能再找到一些资料，但估计不会很多。读者可以拿它和白莲教的流传状况对比，看看哪一个教门具有较大的组织力和影响力，因为只有具备较大组织力和影响力的教门才可能发动像元末那样的大规模的农民战争。当然，“弥勒下生”故事在农民战争初起时产生过巨大影响，但这个故事并非只有专奉弥勒者才能利用。我们已经看到，棒胡是把弥勒与李老君并用的，而普度也指责白莲教徒中假托“弥勒下生”的人。事实上，由于弥勒、弥陀难分难解的亲缘关系，一部分白莲教徒可以毫不费力地接过“弥勒下生”传说来为己用。“弥勒下生”只是宗教幻想，没有确定的社会内容，它可以被利用于不同目的。

① 《至顺镇江志》卷三《户口·土著》，卷九《僧寺·寺》。

第十章

白莲教与天完红巾军

- “宜阳倡乱”：彭莹玉周子旺袁州起义
- 彭国玉万载聚众
- 邹普胜与天完建国
- 以普字定名的十八个天完将领
- “弥勒下生”与“摧富益贫”
- 彭国玉不是彭莹玉

元顺帝至正十一年（1351）五月，以韩山童、杜遵道、刘福通为首的一批白莲教徒在颍州（今安徽阜阳）发动反元武装起义，由此引发了全国规模的农民战争。韩山童等虽在起义之初即告失败，韩山童被杀，但在同年八月由麻城人邹普胜组织的起义获得成功。邹普胜等也是白莲教徒，他们在九月攻破蕲水（今湖北浠水），进据黄州（今湖北黄冈）。十月，邹普胜等立徐寿辉为帝，以蕲水为都，国号天完，改元治平，邹普胜自为太师。至正十五年，刘福通、杜遵道等在亳州（今安徽亳县）立韩山童子韩林儿为帝，建国大宋。天完和大宋的军队均以红巾为号，称红巾军。它们是全国农民军的两大主力，它们的阶级属性与宗教色彩同样鲜明，但组织上互不相属。白莲教与元末农民战争的关系，主要体现在这两支红巾军的活动上。研究者尤其要重视天完红巾军，因为关于天完的历史记载远比关于大宋的丰富。我们就从天完讲起。

天完红巾军的建立看似突然，实际上经过长时间的酝酿，是白莲教徒多年经营的结果，其源头可以追溯到顺帝至元四年(1338)六月在袁州（今江西宜春）发生的周子旺造反事件。《元史》卷三九《顺帝纪》记载：

> 六月……辛巳，袁州民周子旺反，僭称周王，伪改年号。寻擒获，伏诛。

这件事在权衡撰写的《庚申外史》卷上叙述较详：

> 袁州妖僧彭莹玉、徒弟周子旺以寅年寅月寅日寅时反。反者背心皆书“佛”字，以为有“佛”字刀兵不能伤。人皆惑之，从者五千余人。郡兵讨平之，杀其子天

> 生、地生，母佛母。莹玉遂逃匿于淮西民家。
>
> 莹玉本南泉山慈化寺东村庄民家子。寺僧有姓彭者，年六十余岁，善观气色。一夕夜雪，见寺东约二十丈红焰半天。翌日，召其庄老询之曰："昨夜二更时，汝村中得无失火乎？抑有他异事乎？"内有一老曰："村中无事，惟舍下媳妇生一儿。"僧遽喜曰："曷与我为徒弟，可乎？"老遂舍为僧。于是遂以谷、帛若干酬之。其子年十岁，始送入寺。与群从嬉，时预言祸福，皆验。年十五，南泉山下忽产一泉，甚冽。是时民皆患疾疫，莹玉以泉水施之，疾者皆愈，以故袁民翕然事之如神。及事败，逃淮西，淮民闻其风，以故争庇之，卒不为有司所捕获。

上面这段记事系于至元四年。其后，《庚申外史》在叙述至正十一年各地的反元起事时又提到"〔起〕蕲、黄者宗彭莹玉和尚，又推徐真逸为首"。徐真逸即徐寿辉。

权衡是江西吉安人，吉安距袁州不过百里。周子旺事件发生这年，权衡约在三十岁左右，他对袁州的这件事应该是了解较多的。但他对彭莹玉的叙述偏于早年，且含传说成分，对其宗教活动与反元事迹则一笔带过，给人留下不少想象空间。袁州南泉山慈化寺在宋元时代是江西名刹，属临济宗，颇受官方重视。元仁宗皇庆年间（1312—1313）姚燧、程钜夫分别为该寺写过《重建南泉山大慈化禅寺碑》[1] 和《大慈化禅寺大藏经碑》，[2] 讲了该寺的历史、规模以及元廷对它的褒奖。当时该寺僧众数以千计，住持为“普莲宗主”慈昱。慈昱擅长营建殿堂，时人称说“普莲建造为天下最”。[3] 该寺的特点是不置田产。姚燧说：“寺无寸田以自业，惟恃昱之言出化行，鼓舞作兴于江湖西南方三千里地之民，最岁施入多至中统楮泉千计者百万有奇。”程钜夫称：“寺无釜庾之田，日饭数千之众。”说明该寺在江西地区影响广泛。这是周子旺事件发生二十多年前的情形。推想彭莹玉利用了该寺在民间的影响，但他组织造反应是个人行动，不可能是慈化寺僧众集体所为。

从《庚申外史》看不出彭莹玉、周子旺师徒是白莲教徒，但它记周子旺之母（有的版本“母”字作“妻”）称“佛母”，让人想起普度在讲白莲教徒“十不应”时说过的“妇人擅号佛母、大士”的做法。不过，这种做法在普度眼中是一种外道行为，我们不能反推说有此外道行为者就是白莲教徒。要断定周子旺是白莲教徒，必须提出正面的证据。在元末明初人刘崧

① 《牧庵集》卷一〇。
② 《程雪楼文集》卷一九。
③ 揭傒斯《袁州宜春县逢溪山圣寿寺记》，《揭傒斯全集·文集》卷六。

(1321—1381) 的《槎翁诗集》中，有一首题为《壬辰感事》的五言诗，可以为我们解决这个问题。诗云：

> 猖披者谁子，昉自邪说兴。香火崇幻教，肇彼有发僧。其源始涓沥，弗遏终沸腾。宜阳一倡乱，和者纷驾乘。赭巾忽充道，杀戮相凭陵。蔑法恃妖谶，江淮竟先登。古来心腹地，广衍昔所称。乃知为厉阶，不在凭丘陵。①

刘崧是江西泰和人。泰和在元称太和州，属吉安路。壬辰为至正十二年（1352)，是天完红巾军起事的次年。这年天完军蓬勃发展，先后攻占今湖北、江西、安徽、福建、浙江、江苏、湖南的许多地方，包括早先周子旺事件的发生地袁州。刘崧此诗是感于时事而作。他把眼前所见红巾满道的现象追溯到在宜阳“倡乱”的“有发僧”。宜阳是袁州的古名，故而这个有发僧非周子旺莫属。“有发僧”者，方回所说“不剃染道人”也。这就证实了周子旺是白莲教徒。周子旺是，其师彭莹玉自然也是，不同点只是一在俗一出家而已。

① 《槎翁诗集》卷二（《汇编》页 267)。

刘崧诗中还有一句很值得注意，就是“和者纷驾乘”。这里的“和者”，无疑会使人理解为天完红巾军。这个理解不错，但不够。因为在周子旺之后，天完军之前，袁州周围地区一直有白莲教势力在积聚，他们也以反元为目标，故而都是彭莹玉、周子旺师徒的“和者”。《正德瑞州府志》卷一〇《遗事志》记：

> 至正八年，万载妖人彭国玉诡白莲教以惑众，倡言“撒豆成兵，飞茅成剑”，谋为不轨。事败，逃至麻城，纠邹普胜，合众数万，以红巾为号。十二年，国玉及其党闵总管导贼将况普天拥众寇瑞，据焉，大肆杀戮。乡民立寨自保者亦称红巾应之。未几，左丞火你赤等克复本路，擒况普天、闵总管、彭国玉并家属，无少长脔之。民之应者，亦戮以徇。

彭国玉的事，在《民国庐陵县志》中也有记述，其书卷三《疆域志》云：

> 至正十年，监郡纳速儿丁重新郡城。

其下又引旧志按语说：

> 庐陵城。自元初平江西，堕诸州郡城，至至正八年邹普胜、彭国玉等骚动邻邑，于是纳速儿丁守吉安，为筑城置御备云。

万载在元亦属袁州路，其地南接袁州，东邻瑞州路上高县，距庐陵（今江西吉安）仅百余里。综合以上两志的记载，可知彭国玉在至正八年于万载以白莲教集结群众，声震邻邑，以致吉安路达鲁花赤纳速儿丁于至正十年筑城为备。看来彭国玉在万载至少活跃了两年，其败走时间当在至正十年或十一年，已是红巾起义前夕。至于邹普胜究竟是至正八年已与彭国玉结合，还是在彭国玉败离万载后方与之结合，两志记载不同，我倾向于《正德瑞州府志》。不管怎样，彭国玉是周子旺和天完红巾军之间一个承上启下的人物，他的白莲教徒身份十分明确，显然也有助于证实周子旺为白莲教徒。这个彭国玉，有人说他就是彭莹玉。名家柯绍忞、吴晗都曾这样说，还有别人。我认为这种说法不能成立。但事体虽然不大，辨析起来却颇费笔墨，可能扰乱读者的视线。故而我将辨析的文字放在本章之末，这里暂且带过。

从彭莹玉、周子旺造反，中经彭国玉事件，历十三年才有天完的建立，所以说天完的建立是白莲教徒长期酝酿的结果。近年有的研究者说：

> 元末农民起义在酝酿和开始阶段与白莲教会关联不大，而是倡导弥勒下生的南北两方“香会”发动的，只是到了起义如火如荼的发展阶段，在江南，白莲教会大批成员才蜂拥而入，特别是加入了徐寿辉的天完红巾军。①

这种说法不符合历史事实。首先，它绕开了彭莹玉、周子旺、彭国玉、邹普胜在元末农民起义爆发前的反元活动。其次，它忽略了在至正十一、十二年把农民起义推向如火如荼的主要是天完红巾军。韩山童在起义之初就身亡了，其后两年杜遵道、刘福通的战绩远不如天完，直到至正十五年他们才建立大宋政权。至于所谓发动起义的“南北两方香会”，其性质尚有待于证实，我们留到下章去讲。

《庚申外史》说天完红巾军“宗彭莹玉和尚”，这个“宗”

---

① 马西沙《民间宗教志》，页 53。

字表达了天完与周子旺事件的连续性，但并不证实彭莹玉亲身参加了天完政权的建立。事实上没有任何记载提到天完建立时彭莹玉尚在人间。《庚申外史》没有这样提，《元史》上根本没有彭莹玉的姓名。《明太祖实录》卷八的徐寿辉小传提到彭莹玉，是这样讲的：

> 初，袁州慈化寺僧彭莹玉以妖术惑众，其徒周子旺因聚众欲作乱，事觉，元江西行省发兵捕诛子旺等。莹玉走至淮西，匿民家，捕不获。既而麻城人邹普胜复以其术鼓妖言，谓“弥勒佛下生，当为世主”，遂起兵为乱，以寿辉相貌异众，乃推以为主。举红巾为号，攻破蕲水县，进陷黄州。寿辉僭称皇帝，国号天完，改元治平，据蕲水为都，以普胜为太师。时岁辛卯八月也。

《实录》同样不言彭莹玉参与了天完的建立，而是说邹普胜继续了彭的宗教宣传和反元活动（“复以其术鼓妖言”），与《庚申外史》所言“〔起〕蕲、黄者宗彭莹玉和尚”的意思是一致的。但《实录》的记述比《庚申外史》具体，道出了天完的核心人物是邹普胜，这是《庚申外史》未言的。

多种记载说徐寿辉以相貌异众被推为皇帝，这在宗教成分很浓的队伍里是有可能的。天完真正的创建者和领导人是邹普胜。据《万历湖广总志》，邹普胜原系麻城铁工。[1] 天完建立后，邹普胜自任太师。在历史上，太师之位虽崇，常是虚衔，元代前期也是如此。但在元代后期，太师成了权臣必领之衔，自英宗朝以下，权臣铁木迭儿、燕铁木儿、伯颜、脱脱都以中书右丞相加衔太师，因而元末人视太师为位极人臣的标志。邹普胜既称太师，他在天完的权位应是极重的。他在天完当了十年太师，至正二十年（1360）闰五月陈友谅杀徐寿辉建国大汉，他仍是太师。当年十二月，陈友谅因欧普祥以袁州降朱元璋，派己弟友仁往攻袁州，兵败被囚。友谅遂遣邹普胜与欧普祥约和，友仁乃得放归。[2] 可见邹普胜在天完、大汉的地位不易被取代。以邹普胜为首，早期天完军有一大批将领以“普”字定名，他们的姓名、事迹如下：

一，丁普郎——至正十二年（1352）领兵攻克汉阳、兴国（今湖北阳新）。至正二十一年八月降朱元璋。两年后死于朱元璋、陈友谅鄱阳湖之战。[3]

---

① 《万历湖广总志》卷九八《别传·徐寿辉》。

② 《明太祖实录》卷八。

③ 《嘉靖兴国州志》卷二《沿革》；《明太祖实录》卷九、一二。

二，杨普雄——至正十二年据兴国。①

三，史普清——元帅。至正十二年三月由奉新攻新建（今属江西），据新塘。②

四，张普宪——亦作张普献。至正十二年二月攻入宁州（今江西修水）。③

五，况普天——至正十二年三月与彭国玉攻克瑞州，次年冬被元军杀害。④

六，钟普高——至正十二年三月据上高（今属江西）。⑤

七，八，李普成、王普敬——至正十二年据瑞州华林山。⑥

九，欧普祥——人称欧道人。黄冈（今属湖北）人。至正十二年三月攻克袁州。官至平章政事、袁国公、大司徒。至正二十年九月降朱元璋，仍据袁州，四年后病逝。⑦

十，陈普文——至正十二年闰三月克吉安。⑧

---

① 《嘉靖兴国州志》卷二《沿革》。

② 《万历南昌府志》卷二四《纪事》。

③ 《嘉靖宁州志》卷一五《宦迹》。

④ 《正德瑞州府志》卷一〇《遗事志》。

⑤ 《同治瑞州府志》卷六《武备志》。

⑥ 《同治瑞州府志》卷六《武备志》。

⑦ 《明太祖实录》卷八、一五；《正德袁州府志》卷八《人物》。

⑧ 《元史》卷四二《顺帝纪》。

十一，赵普玄——至正十二年闰三月随欧普祥攻入安福（今属江西）。①

十二，钱普哲——至正十二年六月领兵据徽州，被地主武装杀害。②

十三，方普德——至正十二年九月领兵过衢州（今属浙江）。③

十四，赵普胜——人称双刀赵。至正十二年九月在江州（今江西九江）击败元江西行省平章星吉。后据含山（今属安徽），与无为州李普胜均称彭祖家，在巢湖结水寨。至正十八年正月与陈友谅攻取安庆，九月被陈杀害。④

十五，李普胜——见上。

十六，项普略——亦名项奴儿、项明威。至正十二年领兵攻克饶州、信州、徽州、杭州、湖州等地。所部纪律严明，宣传“弥勒佛出世”，招民入伍。同年十一月在广德（今属安徽）

---

① 周霆震《纪事》，《石初集》卷五。

② 《弘治徽州府志》卷九《人物》。

③ 陈基《崔衢州政绩诗序》，《夷白斋稿》卷一七。

④ 《康熙安庆府志》卷六《兵氛》；刘鹗《直陈江西广东事宜》，《惟实集》卷二；《明太祖实录》卷七；钱谦益《国初群雄事略》卷二引俞本《纪事录》。

败给元兵，退至徽州被俘，死于杭州。[①]

十七，邹普泰——至正十三年七月守蕲州（今湖北蕲春），战败被俘。[②]

以上十七人，加邹普胜共十八人。最早注意到早期天完将领多以普字定名的是日本学者，他们根据《元史》，列出邹普胜、欧普祥、陈普文、项普略等数人，并且指出其原因是茅子元规定白莲教徒以“普觉妙道”为定名之宗。我在辑录天完史料时又发现一批以普字定名的将领，使这份名单增至十八人，占已知姓名的早期天完将领半数以上。这一事实无疑进一步证实白莲教徒组成了早期天完的领导集团。但是，在阐述这一事实时应当注意两点：第一，这份名单只有从总体上看才能充分体现白莲教与天完的关系。如果把十八人一一拆散，单独鉴别，还能确定为白莲教徒的大概只剩下邹普胜、李普胜、赵普胜（这三人都有与彭莹玉关系的记录）、欧普祥（他是道人）几个了。事实上我们不能排除十八人中有个别人本名就具“普”字的可能性，其人未必就是白莲教徒。第二，我们认为

① 《元史》卷四二《顺帝纪》五；赵汸《克复休宁碑》、《休宁县达鲁花赤八侯武功记》，《东山存稿》卷四、五；陶宗仪《南村辍耕录》卷二八《刑赏失宜》。

② 《元史》卷一四四《卜颜铁木儿传》。

以上带普字的十八人多数是白莲教徒，不等于说那些不以普字定名的天完将领均非白莲教徒，否则连彭莹玉、周子旺、彭国玉、徐寿辉都成了教外人物。在讨论元代后期白莲教的种种问题时必须牢记宗鉴、普度早先说过的话，白莲教在流传过程中发生许多变化，早已不是茅子元当初规定的模样了。如果不顾时光流逝，仍拿着茅子元的规定来衡量谁是或谁不是白莲教徒，无异于刻舟求剑。

在白莲教的种种变化中，其徒众法名的变化是次要的，最重要的是部分教徒信仰中心的变化。有关天完的记载显示，以邹普胜为首的这批白莲教徒的信仰中心不是阿弥陀佛，而是弥勒佛。前引《明太祖实录》卷八徐寿辉小传就记邹普胜鼓吹“弥勒佛下生”；而且，根据小传的文字，也可推论彭莹玉就是以白莲教徒的身份鼓吹“弥勒下生”的。至正十二年七月项普略率兵入杭州，也宣传弥勒出世。陶宗仪说：

> 至正十二年岁壬辰秋，蕲、黄徐寿辉贼党攻破昱岭关，径抵余杭县。七月初十日，入杭州城。伪帅项、蔡、杨、苏，一屯明庆寺，一屯北关门妙行寺，称弥勒佛出世以惑众。①

① 《南村辍耕录》卷二八《刑赏失宜》。

最突出的是进入蜀地的天完将领明玉珍。据《明太祖实录》卷一九明玉珍小传，玉珍在至正十七年（1357）奉遣入四川，次年尽有川蜀之地。至正二十年陈友谅杀徐寿辉自立，玉珍拒与相通。两年后玉珍称帝，国号大夏，纪年天统，“去释、老教而专奉弥勒法”。

但是，虽然组织反元起义的白莲教徒广泛地宣传弥勒下生，还是有大量白莲教组织继续保持东林传统，供奉净土三圣。本书前引福清善应庵就是一例。明初禁弥勒佛与白莲、明尊、白云等会，明律注明白莲为“远公白莲社”，以别于“西方弥勒佛”。可见改以弥勒佛为信仰中心的只是一部分白莲教徒，或者说只是反元起义的组织者和参加者，并非整个白莲教。而且，即使在红巾军中也不是全都舍弃了弥陀信仰。例如，元末明初饶州人刘炳写的《代侄斯干预书墓志铭》说：“至正壬辰，蕲、黄寇贼生发，念佛烧香，表散六字，以红巾为号。”[①] 我以为所散“六字”很有可能是“南无阿弥陀佛”，因为“南无阿弥陀佛”被称作“弥陀六字之名”，[②] 阿弥陀佛又称“六字佛”。[③]《庐山白莲正宗昙华集》卷下《千种弥陀》诗

---

① 《春雨轩集》卷八。

② 《庐山复教集》卷下，《高丽国王劝国人念佛疏》（《汇编》页190）。

③ 《净土资粮全集》卷六。

也以“六字”称弥陀：“六字佳名高举念，一声一佛要分明。”当然，天完红巾军主要鼓吹“弥勒下生”，因而“六字”也可能是指“南无弥勒尊佛”。[①] 资料不足，不敢断言，并列以供参考。

早期的天完红巾军宗教色彩极重，当时的记载说他们“假妖术倡甘言以惑众”，[②] “烧香以为信，礼佛以结社”。[③] 安福人周霆震（1292—1379）在至正十二年写了一首《暮春述怀》，其中描述红巾军的装束和宗教宣传：

> 妖氛被东南，丑类日响应。承平七十载，仓卒骇视听。堂堂忠节邦，奕奕守与命（一作太守令。——原注）。流血动成川，分奔马蹄竞。群凶首被赤，心额双悬镜。赤以欺愚庸，镜以眩昏暝。张皇礼像设，诳托西方圣。烧蜡动千斤，相形势弥盛。[④]

安福在元属吉安路。红巾军陈普文部在这年闰三月十二日攻下

① 《御制大诰三编·造言好乱第十二》。
② 周闻孙《罗明远庙碑》，《民国庐陵县志》卷一三上。
③ 李灿《故府君刘公墓志铭》，《春雨轩集》卷一〇。
④ 《石初集》卷一。

吉安，十六日入安福。四月二日，元兵复安福，红巾将领赵普玄等被杀。周霆震此诗即写于这段时间。

在邹普胜等组织群众、发动起义的过程中，“弥勒下生”口号所引起的宗教狂热无疑起过重大作用。原因正如后来朱元璋所说，当时民众受尽苦难，亟盼改变现状，故而“酷信弥勒之真有，冀其治世，以苏困苦”。但是，“弥勒下生”毕竟只是宗教幻想，它仅能为贫苦民众提供冲击现存社会秩序的动力，不能提供指导现实斗争的方案。与“弥勒下生”并提，天完军还有一个非常现实的口号——“摧富益贫”。这个口号见于福建邵武人黄镇成的记载：

> 至正十有二年春二月，淮、汝叛，犯湖省，连陷江西诸郡，图龙兴，进陷建昌，所至蜂起应之。贼势张甚，闽中大震。夏四月，昭武独守杉关，而建宁县首祸应必达洎其党，以私憾诱致江西首贼宜黄涂乙、涂佑、新城童远，袭据建宁县治，遂陷泰宁。癸亥，遣贼扬旗执伪榜至邵武界，募傍民三百余人，持白梃，大噪入城。先是城中官民久不知兵，闻贼将至，皆骇惧挈孥远遁，贼遂乘虚窃据郡治。明日，诸贼帅先入继至，扬言“摧富益贫”，以诱村甿从逆。凡窭者之欲财，贱者之欲位，与凡子弟之素无赖

者，皆群起趋之，旬日间聚至数万。大掠富民家，散入山谷搜劫，无获免者。[①]

据《弘治抚州府志》卷二七《兵氛》，天完军在这年闰三月入抚州，“宜黄、崇仁、乐安焚荡几尽”。进取邵武的涂乙、涂佑未必是白莲教徒，但肯定是天完的人，哪怕是在天完军占领宜黄时新加入的。

由于历史记载欠缺，我们无法知道“摧富益贫”口号是当邹普胜等发动起义之初就已提出，还是在进军过程中产生的；也不知道天完军在多大范围内宣扬过这一口号。但这一口号无疑是“富者愈富，贫者愈贫”[②] 的贫富尖锐对立的产物，其宣扬范围总不会限于邵武一处。一个无可否认的事实是，早期天完红巾军相当普遍地采取了发动群众打击地主富豪的行动。天完军所到的一些地方，“民皆相挺为变，杀掠巨室”，[③] 使“豪势之家焚荡播迁，靡所底止”。[④] 常见的斗争方式是，贫苦群众打入富户家门，分掉富户的浮财。贫苦群众说：“金珠我有也，

① 《嘉靖邵武府志》卷二《黄镇成撰碑》。

② 危素《书张承基传后》，《危太朴文续集》卷八。

③ 宋濂《故庐陵张府君光远甫墓碣铭》，《宋文宪公全集》卷一五。

④ 朱继善《元鲁吴公墓志铭》，《朱一斋先生文集》卷八。

牛羊我有也，谷粟我有也。”[①] 威风扫尽的地主富豪只能说：“资财任取之。”[②] 对于平日作恶尤甚的豪家大族，贫苦群众不但要分掉他们的财产，还要驱逐他们出境，甚至消灭他们的肉体，因而“豪右之家颇以资雄乡里者辄弃走，涂塞耳目，夷灭踪迹；稍或相遇，非惟渔猎之，又菹醢之；万一不死者，幸也。”[③]

在天完军影响下，处在社会最底层的奴仆们也挺身而起，为摆脱自己的奴隶地位进行斗争。在江南的许多地区发生了所谓“苍头弑主”[④] 的事件。江西永新小乌坑的奴仆温同等九人“谋有其主汤德新家产业，尽杀之，唯余孙一人”。其他奴仆之“群聚者”亦“将相顾而起”，吓得官府不敢过问。[⑤] 这些“小夫、佣奴”的斗争，使“强宗巨室悉受屠戮劫掠之祸”，[⑥] 构成农民战争一个重要组成部分。

天完军在起事后一年内发展迅猛，明末史学家谈迁(1593—1657) 称“其遣将所摧陷几海内之半”。但自至正十二

① 唐桂芳《吕氏嘉贞传》，《唐氏三先生集》卷二〇《白云文稿》。
② 宋濂《故潜峰先生朱府君墓碣铭》，《宋文宪公全集》卷二四。
③ 唐桂芳《吕氏嘉贞传》。
④ 舒頔《蔓青楼记》，《贞素斋集》卷一。
⑤ 李祁《刘纶刘琚传》，《云阳李先生文集》卷八。
⑥ 金幼孜《书颜氏三节妇传后》，《金文靖公集》卷一〇。

年冬季起，逐渐转为劣势。至正十三年底，元军攻入蕲水，天完都城失陷，红巾军将相以下四百余人被俘，徐寿辉等逃入黄梅山及沔阳湖中。导致天完失败的原因很多，其中一个不可忽视的原因是它的一些领导人过分执著于自己的宗教幻想，没有随着战事的进展而及时作出调整。由项普略率领的天完军在徽、杭地区的表现就是一个突出的例子。至正十二年三月攻取了饶州的这支天完军经浮梁入徽州路，闰三月二十一日克婺源，四月取休宁、黟县、歙县，尽有徽州一路。他们与进入邵武的天完军不同，没有扬起“摧富益贫”口号，而是“所过不掠民财，唯索丁壮为军”。[①] 七月初，他们由歙县东南的昱岭关进入杭州路，人数不少。诗人顾瑛（顾德辉，1310—1369）有《送周天蟾诗》云：“至正壬辰秋月初，红巾寇杭数万余，斩关据岭袒臂呼。”[②] 元朝官员多已逃跑，天完军未遇抵抗，于七月十日开进杭州，分屯明庆、妙行二寺，“称弥勒佛出世以惑众”。他们在杭半月，陶宗仪说他们“不杀不淫，招民投附者，署姓名于簿籍，府库金帛悉辇以去”。显然他们没有久留的打算，也不防备元兵反攻。在杭州这样的经济、文化发展较高的

① 赵汸《赠金彦直授官序》，《弘治休宁县志》卷三二上。
② 《玉山璞稿·至正乙未》。

城市，一味宣扬“弥勒下生”不会得到多少回应。所以二十二日元兵开始反击，二十六日天完军就兵溃离杭，由来路退回徽州，元兵一直追杀到昱岭关。① 元兵回杭后迫害曾经追从天完军的人，“举火焚城，残荡殆尽”，甚至明庆、妙行、接待等寺亦未获免。② 九月底，元兵攻入徽州，大肆杀戮，为地主豪族报仇，“诛恶少导贼残大家者”。③ 十一月，项普略在广德败给元兵，跑回徽州，为地主武装头子金符申等俘获，“槛车送行省”，被害。④

项普略是天完重要将领，他在一年间先后攻占“郡县四十余所”，赵汸称他“身长七尺胆有余，意气颇与群偷殊，不贪金璧亦何有，欲窃土壤将焉如”。⑤ 但他竟然如此沉溺于“弥勒下生”故事，不知这样的故事只能鼓动群众于一时，终究不能克敌制胜，为此他付出了兵败身亡的代价。

天完军在至正十四年处于暂时的沉寂状态，次年复苏，活跃于长江中游。复苏后的天完军仍奉弥勒佛，这在进入蜀地的

---

① 《万历杭州府志》卷六五《名宦·李希靖》。

② 杨维桢《俞同知军功志》，《东维子文集》卷二二。

③ 赵汸《休宁县达鲁花赤八侯武功记》，《东山存稿》卷四。

④ 赵汸《克复休宁碑》，《东山存稿》卷五；《嘉靖徽州府志》卷一八《材武·金符申》。

⑤ 赵汸《生擒项奴儿》，《弘治休宁县志》卷三五。

明玉珍身上表现得最为突出，他在至正二十二年（1362）“去释、老教而专奉弥勒法”。他和他的儿子经营蜀地先后长达十余年，如果“弥勒下生”真能代表社会大众的利益，理应在明氏治蜀的结果上体现些许效应。然而洪武四年（1371）明朝灭夏后，次年二月“户部奏四川民总八万四千余户，其伪夏故官占为庄户者凡二万三千余户”。① 一个专奉弥勒法的政权，其官员竟把民户的四分之一以上占为庄户，这比已经严禁弥勒法、白莲教的初期大明王朝腐败多了。

在结束本章之前，我们回过来探讨前面留下的一个问题，即至正八年在万载以白莲教聚众的彭国玉是否就是彭莹玉？

事情还是要从彭莹玉的归宿讲起。元明两代没有任何史籍讲到彭莹玉的归宿，引发人们注意彭莹玉归宿的是吴晗。吴晗在 1949 年出版的《朱元璋传》中写了这样一段话：

> 彭莹玉可以说是典型的职业革命家，革命是一生志业，勤勤恳恳播种、施肥、浇水、拔草。失败了，研究失败的教训，从头做起；决不居功；决不肯占有所播种的果实。第一次起义称王的是周子旺，第二次作皇帝的是徐寿

① 《明太祖实录》卷二七。

> 辉，虽然谁都知道西系红军（吴晗称天完红巾军为西系红军，大宋红巾军为东系红军。——引者）是彭和尚搞的，彭祖师的名字会吓破元朝官吏的胆，但是，起义成功以后，就烟一样的消失了，回到人民中间去了，任何场所以至纪载上，再找不到这个人的名字了。①

吴晗认为徐寿辉是“彭莹玉推为首领”的，他把彭莹玉消失的时间定在天完建立以后，消失的原因是功成身退。不管吴晗讲的时间和原因是否准确，他说的“任何场所以至纪载上”再也找不到彭莹玉的名字，的确是事实。但是，几年以后吴晗改变了看法。据他自己讲，是因为毛泽东看了他的《朱元璋传》，向他指出一个真正的革命者是不会有功成身退思想的，所以他决心重新研究彭莹玉问题。结果他找到了三条记载，一条见于清末民初史学家柯绍忞（1847—1933）的《新元史·徐寿辉传》，另两条见于明末钱谦益（1582—1664）的两封信。

《新元史·徐寿辉传》是这样写的：

① 《吴晗史学论著选集》第4卷，页280。

初袁州有妖僧彭莹玉用泉水治病多愈，远近神之。至正十年其徒周子旺以妖术惑众，从之者五十余人，僭称国王，官军获而杀之。莹玉遁去，匿淮西民家，日夜密构异图。寿辉浴于池，莹玉之徒见其有赤光，异之。十一年八月，乃拥寿辉为主，聚众剽掠。……十二年二月……彭莹玉陷瑞州。……十三年……六月，行省左丞火你赤复瑞州，执彭莹玉，斩而脔之。

《新元史》著成于1920年，1921年被当时的“大总统”徐世昌颁定为“正史”，其体例仿袭旧史，它对旧史的增补改动全不交代出处。上面这段记述彭莹玉的文字是杂糅《庚申外史》、《草木子》、《正德瑞州府志》（或别本《瑞州府志》）、《民国庐陵县志》（或别本《庐陵县志》）等书的记载，外加自己的想象（如说彭莹玉“日夜密构异图”）而成。柯绍忞不作任何说明就把彭国玉与彭莹玉合为一人。吴晗不知柯氏的根据为何，未予轻信。

钱谦益的两封信，一是《答凤督马瑶草书》，其中说到：

元季盗之初起，先自汝颍，而后徐寿辉起蕲、黄，布三王起邓州，孟海马起襄阳，各有其众，各战其地。布三王最早灭，孟海马后灭。独徐寿辉之众久而弥炽。欧普祥陷袁州，妖彭、项甲陷饶、徽，倪文俊陷武、汉，明玉真陷蜀，皆奉寿辉之虚号。

另一信是《回金正希馆丈书》，信中说：

尝观元末盗起汝、颍，而襄、汉、蕲、黄应之。蕲、黄之贼既陷江州，旋略南康、鄱阳，即由婺源犯休宁，一夕而陷徽州，由是而陷昱岭关，破杭州，蔓延吴兴、延陵，江南之涂炭从此始。当时克复徽、杭，杀妖彭、项奴儿诸盗魁，遏楚贼方张之势，虽董抟霄、三旦八辈督师剿御，而汪同、程国胜、俞茂结集民兵，誓死血战，恢复城栅，其功尚多。①

钱谦益写这两封信正值明末农民起义如火如荼之时，他想以元末史事为鉴，为明廷的困境找点出路。他是藏书大家，又是《国初群雄事略》的编者，所言不至于无据；两信所说的“妖彭”，似乎非彭莹玉莫属。但钱氏并非明初人，所说与柯绍忞

① 《牧斋初学集》卷八〇。

不同，所以吴晗仍期待有进一步的发现。

二十世纪六十年代初，我搜集到几条可能与彭莹玉问题有关的资料，其中包括《瑞州府志》的记载和赵汸（1319—1369）《东山存稿》中有关“蕲、黄贼首伪彭万户”的叙述，听说吴晗正在修改他的名著《朱元璋传》，便把有关资料不加任何说明抄送给他。他在1965年新版《朱元璋传》中引用了这些资料，大概是因为无暇细阅，他竟以为“《正德瑞州府志》记彭莹玉为彭国玉，项普略为况普天”，[①] 比柯绍忞的附会更多出一块。

这些年来一直有人主张彭国玉即彭莹玉。我认为此说无据，因为《庚申外史》说的彭莹玉和《瑞州府志》的彭国玉不仅姓名有一字之差，其事迹、时间、地点不同，两人的身份相差更大。彭莹玉在天完红巾军中有祖师的身份，《庚申外史》称天完军“宗彭莹玉和尚”，俞本《纪事录》称彭莹玉为“彭祖师”。[②] 至正十二年陶安（1315—1371）写《繁昌监邑铁仲宾功绩记》和《瑞麦记》，甚至称这年春间攻入太平路（治今安徽当涂，陶安是当地人）的天完军为“彭翼兵”（“翼”想是

① 《朱元璋传》第89页。

② 钱谦益《国初群雄事略》卷三《天完徐寿辉》。

“玉”之讹）、“彭兵”、“彭营”。[①] 彭莹玉是天完的一面旗帜，在同一时间里引导况普天等攻据瑞州的彭国玉显然不具备这样的身份。而且彭国玉在瑞州据守年余，直到至正十三年十一月元兵攻复瑞州[②]才被火你赤杀害。在战事方殷的岁月里，当天完军进取大半个江南的时候，以彭莹玉的祖师身份岂能一直在瑞州呆着？其实，彭国玉之所以被指认为彭莹玉，无非因为他的姓名与彭莹玉有两字相同，如果他的姓名是张国玉或彭国宝，与彭莹玉仅有一字相同，再看他的事迹，恐怕没有人会指他是彭莹玉。

彭莹玉的最终下落是个谜。由于从周子旺事件到天完军建立中间相隔十三年，彭莹玉在此期间可能已经去世，只是声威尚在。钱谦益说的“妖彭”也不可能是彭莹玉。细细比对有关资料，钱说的根据最有可能是赵汸的《代举留沙元帅状》和《休宁县达鲁花赤八侯武功记》，前一篇说元将沙不丁“初复徽州，亲入贼阵，射杀蕲、黄贼首伪彭万户”，后一篇说九月“十八日，行省兵大破贼，元帅沙不丁射伪万户之据徽州者，

---

① 两文均见《陶学士文集》卷一七。

② 《元史》卷四三《顺帝纪》六；《正德瑞州府志》卷七《名宦·火你赤》。吴晗错定火你赤复瑞州时间为至正十二年。

殪之”。[1] 就是“蕲、黄贼首”四字，使钱谦益指“彭万户”为“妖彭”。但是“贼首”本是泛称，未必是最高领导，“万户”无论在元军还是红巾军中都是普通官衔。那么多记述天完军入徽、杭的史料无一提到彭莹玉，沙不丁射死的如果真是彭莹玉，记述者岂不要大书特书，焉有一笔带过的道理?

彭国玉为白莲教徒，是有明确记载的。彭莹玉为白莲教徒则是通过两个途径得到印证的：第一，其徒周子旺为“有发僧”，即白莲道人；第二，以白莲教徒为核心的天完领导者“宗”的是彭莹玉，邹普胜聚众用的是彭莹玉之“术”。彭莹玉既非死于瑞州的彭国玉，也非死于徽州的彭万户，没有历史资料能够证明天完建国时彭莹玉还在世，如此而已。

① 两文均见《东山存稿》卷五。

第十一章

白莲教与大宋红巾军

- 白莲教徒韩山童
- 吴晗的缺失
- 必须面对的《元史》记载
- 经社香会是什么

大宋红巾军建立于至正十五年（1355），其序幕则揭于至正十一年五月，比天完创建早三月。《元史》卷四二《顺帝纪》五：

〔至正十一年〕五月，……辛亥，颍州妖人刘福通为乱，以红巾为号，陷颍州。初，栾城人韩山童祖父，以白莲会烧香惑众，谪徙广平永年县。至山童，倡言“天下大乱，弥勒佛下生”，河南及江、淮愚民皆翕然信之。福通与杜遵道、罗文素、盛文郁、王显忠、韩咬儿复鼓妖言，谓山童实宋徽宗八世孙，当为中国主。福通等杀白马、黑牛，誓告天地，欲同起兵为乱，事觉，县官捕之急，福通遂反。山童就擒；其妻杨氏，其子韩林儿，逃之武安。……壬申，命同知枢密院事秃赤以兵讨刘福通，授以分枢密院印。

其后数年，刘福通、杜遵道等先后攻取今河南、安徽的一些地区。至正十五年二月，他们立韩山童子韩林儿为帝，以亳州（今安徽亳县）为都城，国号大宋。《元史》卷四四《顺帝纪》七记：

〔至正十五年〕二月，己未，刘福通等自砀山夹河迎韩林儿至，立为皇帝，又号小明王，建都亳州，国号宋，改元龙凤。以其母杨氏为皇太后，杜遵道、盛文郁为丞相，罗文素、刘福通为平章，刘六知枢密院事；拆鹿邑县太清宫材建宫阙；遵道等各遣子入侍。遵道得宠专权，刘福通疾之，命甲士挝杀遵道，福通遂为丞相，后称太保。

韩林儿在位十二年，至正二十六年（1366）被朱元璋沉于瓜洲（今江苏扬州南）江中，宋亡。

大宋红巾军的历史比天完长，它在推翻元朝统治上起的作用也大于天完。当它最强时，曾兵分三路北伐晋、冀、关中，至正十七年其将毛贵一军曾逼近大都。朱元璋经营江南，用的也是大宋旗号。但是，关于大宋红巾军的历史记载，今人能看到的很少，故而对它的研究难以深入。幸而在不多的记载中倒有两条讲到韩山童、刘福通等人的宗教组织：一条是上引《元史》卷四二《顺帝纪》五的记载，称“韩山童祖父以白莲会烧香惑众”；另一条见于同书卷一八六《张桢传》，其文云：

> 及毛贵陷山东，〔桢〕上疏陈十祸，……其言不明赏罚之祸，略曰：“……颍上之寇，始结白莲，以佛法诱众，终饰威权，以兵抗拒，视其所向，骎骎可畏，其势不至于亡吾社稷、烬吾国家不已也。”

《元史》这两处记载十分明确，都讲韩山童是以组织白莲会起事的。如果找不到与之不同的记载，就应该承认《元史》所记为事实。然而，尽管没有发现与《元史》不同的记载，还是有学者否认韩山童、刘福通等所奉为白莲教。持这种意见的学者，远有吴晗，近有马西沙先生。现在先说吴晗。

吴晗的论述见于《明教与大明帝国》第八节《弥勒降生，

明王出世》，其表述含糊不清，十分费解。他先说：

> 与彭莹玉同时活动于河南北一带者为白莲教首领韩山童。山童败死，其子林儿称小明王，建国号宋，建元龙凤。

单看这一段，吴晗无疑是承认韩山童为白莲教徒的，他称韩山童为白莲教首领。然而，往下他说：

> 林儿父子又倡“明王出世”之说，明代官书如《元史》及《明实录》多讳言之，清人修《明史》亦不之及。

接着他引了高岱（嘉靖进士）《鸿猷录》和何乔远（1557—1631）《名山藏》两书的记载（两书都提到韩山童倡言“弥勒佛下生，明王出世”），又说：

> 以“弥勒降生”与“明王出世”并举，明其即以弥勒当明王。山童唱明王出世之说，事败死，其子继称小明王，则山童生时之必以明王或大明王自称可决也。此为韩氏父子及其徒众胥属明教徒，或至少羼入明教成分之确

> 证。韩氏父子自号大小明王出世，另一系统据蜀之明玉珍初不姓明，亦改姓为明以实之。朱元璋承大小明王之后，因亦建国曰大明。至明人修《元史》以韩氏父子为白莲教世家，而不及其“明王出世”之说。试证以元末明初人之纪载，如徐勉〔之〕《保越录》、权衡《庚申外史》、叶子奇《草木子》、刘辰《国初事迹》诸书，记韩氏父子及其教徒事（包括明太祖在内）均称为红军，为红巾，为红寇，为香军。言其特征，则烧香，诵偈，奉弥勒。无一言其为白莲教者。则知《元史》所记，盖明初史官之饰辞，欲为明太祖讳，为明之国号讳，盖彰彰明甚矣。[①]

《元史》所记乃“史官之饰辞”，这样说来，韩山童又不是白莲教徒了，这与上段说的“白莲教首领韩山童”不是自相矛盾吗？这样的矛盾应该怎样消弭呢？

细细审核，吴晗的论说在引述资料和分析推理上都有严重的缺失。

首先是资料引述短缺。对于《元史》，吴晗只引了卷四二《顺帝纪》五的一段，未引卷四四《顺帝纪》七述韩林儿建国

① 上引吴晗的三段话，见《读史札记》，页259—261。

的一段和卷一八六《张桢传》中的奏疏。卷四四分明记了韩林儿“又号小明王”，比吴晗举出的刘辰《国初事迹》所记不多也不少，足见《元史》并不讳言“明王”。非但《元史》不讳言，朱元璋本人也不讳言。《明太祖实录》卷六六载：

> 洪武四年六月，……遣黄俦赍书谕纳哈出曰：“……元之疆宇非不广，人民非不多，甲兵非不众，城郭非不坚，一旦红巾起于汝、颍，群盗遍满中原。其间盗名字者凡数人：小明王称帝于亳，徐真一称帝于蕲，陈友谅称帝于九江……”

可见明初并不讳言“明王”。张桢奏疏指出“颍上之寇，始结白莲”，与《元史》卷四二记“韩山童祖父以白莲会烧香惑众”是一致的。除非能够设想张桢奏疏原文是“颍上之寇，始结明教”，“白莲”两字乃《元史》史官换入，否则断难指摘卷四二所记乃“史官之饰辞”。

其次是说理片面。吴晗举出《保越录》等四种元末明初人的著述，说它们“无一言其（韩山童）为白莲教者”，以为这就证明了“《元史》所记，盖明初史官之饰辞”。可是，他却不把同样的证明方法用于质疑韩山童是否为明教徒。他没有反问一句，在元末明初以至由明及清的任何史籍中，有哪一种讲了韩山童是明教徒的？事实是，记韩山童为白莲教徒的，《元史》以外明代尚有数种，其中还包括被吴晗看重的高岱《鸿猷录》和何乔远《名山藏》；而记韩山童为明教徒的，元明清三代了无一人。两相比较，能说《元史》卷四二的记载是史官的饰辞吗？尤其要注意的是《名山藏》。研究摩尼教的人都知道，何乔远是福建晋江人，他对摩尼教的历史及其在明代的状况相当了解。他在《名山藏》和他的另一部大书《闽书》中，对摩尼教都有所叙述，深受摩尼教研究者重视。如果韩山童父子宣扬的明王真是来自摩尼教，最有可能觉察的应是何乔远。可是《名山藏》对韩氏父子的叙述几乎与《元史》相同，一样称韩山童“祖父为白莲会惑众”，为什么在研究“弥勒下生，明王出世”的时候，不考虑何乔远的这句话呢？此外，吴晗举《保越录》等四种书未言韩山童为白莲教徒为证，也是没有道理的。这四种书与《元史》性质不同，篇幅大小相去甚远，怎么能用它们之未言来推论《元史》记载为“饰辞”呢？以徐勉之的《保越录》为例，它专述至正十九年一至五月张士诚部将吕珍守绍兴与朱元璋军队作战的经过，全书一万三千余字，连韩氏父子与朱元璋的名字都没有出现过，当然不会讲韩氏父子奉什么教。不仅如此，《保越录》中也没有出现过吴晗讲的“红军”、“红巾”、“红寇”、“香军”、“烧香”、“诵偈”、“奉弥勒”等字样。引述史料，怎么能粗率到这种程度呢？

吴晗的错误说到底是大胆假设所致。在科学研究中假设是必要的，但假设也要有一定的事实根据；过于大胆的无根据的假设，势必会落为主观猜测。假设的形成，需要经过一个搜集和积累事实的阶段，而吴晗却是在对茅子元创建的白莲教几乎一无所知的情况下写《明教与大明帝国》的。史籍明明记载韩山童为白莲教，吴晗却舍此不顾，一下子就把明教嫁接过来，这是因为他先已猜定大明国号来自明教的缘故。他甚至连《元史》中的记载都没有认真翻检就轻率地断言史官有意掩盖历史真相。他的文章虽然引的材料不少，但在几个主要论点上则是架空的。例如，他说韩山童“以‘弥勒降生’与‘明王出世’并举，明其即以弥勒当明王。……此为韩氏父子及其徒众胥属明教徒，或至少孱入明教成分之确证”。为什么“以弥勒当明王”就证明了韩山童父子为明教徒呢？难道那时明教已奉弥勒为明王了？如果真是那样，大明尊上哪里去了？再如，为了说明“明王出世”口号出自明教，文章把韩山童说成是明教徒，但用以证明韩山童是明教徒的全部证据却只有“明王出世”口号。又如，文章大力论述明教早已混合于白莲教，显然是以承认韩山童是白莲教徒为前提的，是想给白莲教徒韩山童搭起一座通往明教的桥梁，但文章又说记韩山童为白莲教徒乃是史官的“饰辞”，这岂不等于说韩山童本来就是明教徒，那座连接两教的桥梁根本是不需要的。这样，我们看到，在主要之点上，文章提供的证据正是有待它证明的论点；文章加以否认的东西却是它展开论述的前提。文章既搞了循环论证，又陷进了自相矛盾。

《明教与大明帝国》这篇文章，我前后读了不下十遍，愈读愈觉得这是一篇急就章，是吴晗读了伯希和、王国维、陈垣等人关于明教的文章以后灵机一动的产物。吴晗那时三十岁，环境艰难，搞点急就章尚可理解。使我不解的是，有些研究者至今把这篇急就章奉为圭臬，以为只要引出其中的结论就可以替代自己的研究，既不复核该文引的资料，也不弄清该文的观点。

吴晗文章中的问题就讲到这里，下面讨论马西沙先生的著作。

马先生研究我国民间宗教史多年，八九年前我就读过他和韩秉方先生合著的《中国民间宗教史》，其后又看过他的许多研究成果。马先生研究的领域宽，时间跨度大，探讨的问题有许多是我从未涉足的。我能够同马先生讨论的问题范围唯有宋元白莲教。一般地说，一个学者的著作以晚出的为最成熟，所以我以马先生在1998年出版的《民间宗教志》一书作为讨论对象，不涉及其他。中心问题还是韩山童父子是否为明教徒。

马先生否认韩山童父子为白莲教徒，他说：

> 事实是韩山童家族从来不是白莲教徒。本章前面探讨了白莲教的几个特点：(1) 白莲教继承了弥陀净土宗信仰，崇拜阿弥陀佛、观世音等。(2) 茅子元以及后继者以《无量寿经》为宗旨，口称念佛，并继承了天台宗四土信仰，及智颤、慈云遵式的忏法。(3) 白莲教徒都有道号，依普、觉、妙、道四字为号。元末有一批白莲教徒参加起义，皆冠以“普”字。这一点中、日学者都有专文论述。用这三个特点，反观韩山童、韩林儿、刘福通等领袖人物：(1) 他们都不信仰弥陀净土宗，而是“烧香崇弥勒佛”。(2) 不知所念何种经典。(3) 没有白莲教徒必有的道号。由此可知，所谓“白莲教”在韩山童那里是根本不存在的。①

马先生和吴晗都否认韩山童父子为白莲教徒，但否认的原

---

① 《民间宗教志》，上海人民出版社，1998年，页51。

因不同。吴晗是因为他预设韩山童为明教徒，马先生是因为有几条自设的判断标准。但是，无论是吴晗还是马先生，都须面对《元史》称韩山童为白莲教徒的记载。吴晗虽然没有把《元史》的记载看全，但毕竟面对了其中的一条，他的解释是“史官之饰辞”。“饰辞”者，掩饰之辞也。我已对吴晗的说法作了辩驳。马先生对《元史》的记载应该是看全了的，但他只引其中一条，未做任何解释，其他的干脆回避了，所以我只能先就他的三条标准展开讨论。

马先生的第一条标准是白莲教信仰阿弥陀佛，这无疑是对的；但他随即认定韩山童等“都不信仰弥陀净土宗”，这便缺少根据了。的确，韩山童父子崇弥勒佛，各书记载都如此，但这并不说明他们不信仰弥陀净土。且不说韩氏父子信奉的“明王”是不是阿弥陀佛，就以本书第九章介绍的弥勒信仰与弥陀信仰的关系而言，从弥陀经典里的弥勒菩萨，到弥陀净土道场唱诵弥勒佛，以及佛寺中释迦、弥陀、弥勒三像并立，在在说明信仰弥勒可以与信仰弥陀并行；虽然两者在不同教派有主次之分，但并不互相排斥。以普度为例，他是坚决反对白莲教徒自称“弥勒下生”的，那是因为根据弥勒经典“弥勒下生”只能在五十几亿年之后，不会在现世，现世的人自称弥勒下生必然是欺诈。但普度仍信弥勒，因为那是弥陀经典的教导。因此，在没有找到能够证明韩山童他们不信弥陀净土的实证材料之前，不能用“崇弥勒佛”反推他们不信仰弥陀，就像不能用普度奉阿弥陀佛反推他不信仰弥勒。

马先生的第二条标准是白莲教以《无量寿经》为宗旨，而反观韩山童等则是“不知所念何种经典”。既然是“不知”，怎么就否认韩山童等有诵读弥陀经典的可能性呢？这样的推理，在逻辑上是跨不过去的。

马先生的第三条标准是白莲教徒必以“普觉妙道”四字定法名，而韩山童他们没有。这看起来似乎是个理由，但实际上难以成立。因为当初茅子元的这项规定虽然终元之世仍有教徒遵守，但早已被突破了。举例来说，普度本人的取名是合乎茅子元规定的，但他的两个徒弟就不再以“普”字定名了，一个是揭傒斯提到的为普度建舍利塔的果贵，另一个是编《复教集》和《昙华集》的果满。谁能否认果满是白莲教徒呢？

顺便说说，如果一定要找以四字取名者，韩氏父子身边也有一个，就是杜遵道。有迹象显示，白莲教徒以“道”字取名者是把这个字放在下面的，例如大都无量寿庵屠觉缘之师性道，柳州白莲道人高仙道。杜遵道是大宋政权的关键人物，建国之初任丞相，位在平章刘福通之上，这一年派人招郭子兴遗部张天祐、朱元璋等来归的就是他，不久他即被刘福通遣人挝杀。不过，我绝不想从杜遵道的名字来推论他本人和他参加的队伍为白莲教徒。而且，我想提请读者注意，在我认定的白莲教五堂三庵中，没有一个是从其主持者的法名推出的。道理很简单，以四字取名并非白莲教徒的专利，怎么能从取名来推断谁是白莲教徒呢？因此，我既不赞同用名中不具四字来推断某人非白莲教徒，也不赞同用名中具四字来推断某人就是白莲教徒。在我看来，取名如何，只能起到旁证作用。

以上是我对马先生由三条标准作出的三个判断的意见，但马先生否定韩山童为白莲教徒的理由不限这三条，他还说了一个理由：

> 韩山童祖籍的栾城离冀州、贝州不过二百里之遥，韩山童传教之广平与冀州、贝州更近，不足二百里。依元代史料，这一带没建造过任何白莲忏堂，那么白莲教从何而来呢？韩山童所倡之教当然不是白莲教，而是香会，起事后改名香军，以其“烧香礼弥勒佛得此名也”（《庚申外史》卷上）。[①]

① 《民间宗教志》，页52。

这段话可说是马先生对韩山童问题的第四个判断，它比前三个更难服人。本书第四章引过刘埙、吴澄的话，说明元代中期白莲教堂庵已发展到“历都过邑无不有”、“遍天下”的程度。我们今天列出的堂庵，只是元代白莲教堂庵的极小部分，其数肯定不及当年实有的百分之一。这些堂庵史料能够保存到六七百年后的今天很不容易，怎么能以今人仅见的一点史料推断当年某地“没建造过任何白莲忏堂”呢？如果这样的推论方法能够成立，则白莲教仅流传于十多个州县，刘埙、吴澄都成了说谎者，今人又何苦孜孜于一个小教的研究呢？

马先生否定了韩山童为白莲教徒之后，把韩山童所倡之教派定为香会。他引朱元璋讨张士诚檄文中说的“不幸小民，误中妖术，不解其言之妄诞，酷信弥勒之真有，冀其治世，以苏困苦，聚为烧香之党”一段话，作出推论说：

> 元末的烧香之党即香会，有着漫长的发展历程和演变过程。香会，一言以蔽之，是摩尼教与弥勒信仰的混合教派。①

---

① 《民间宗教志》，页54。

为了证明香会的漫长历史，马先生引了从南北朝到元末的许多史料。但是，在马先生引的宋以前的史料中并未出现“香会”字样，所以关于香会的讨论仅需从宋开始。马先生说：

> 宋代，北方信阳地区已经出现了“集经社”和“香会”的名目。以我所见，无论集经社和香会都是摩尼教与弥勒信仰混合的宗教集会团体。①

接着，马先生引《宋会要辑稿·刑法二》所收大观二年（1108）信阳军的一段话：

> 契勘夜聚晓散，传习妖教及集经社、香会之人，若与男女杂处，自合依条断遣外，若偶有妇女杂处者，即未有专法。乞委监司，每季一行州县，觉察禁止，仍下有司立法施行。

针对信阳军的话，马先生又说：“此处集经社或香会即宋时广

---

① 《民间宗教志》，页56。

为流传的摩尼教之异名同教。”①

首先，我要指出，信阳军讲的是经社、香会，并非“集经社”与香会。“集”字的意思是集结，兼用于经社和香会，不可与经社连在一起搞成“集经社”。这是小事，但不讲清楚会影响下面的讨论。

我们要讨论的问题是，经社、香会是否即摩尼教或摩尼教与弥勒信仰的混合教派。按我的理解，经社就是诵经结社，香会就是焚香聚会，没有更多涵义，不涉及念哪门经、烧哪炷香（向哪位仙佛敬香）的问题，不同的宗教都可以采取经社和香会的集众方式。马先生是我知道的指经社、香会为某一特定宗教的第一人。马先生为此讲了一些理由，最重要的一个理由是“‘结社’、‘诵经’、‘烧香’、‘设斋’，是宋代摩尼教的几个特点。”② 特点者，一物有别于它物的独特之点也。事情如果真如马先生所说，我们自应承认经社与香会是摩尼教异名。但是，常识告诉我们，结社、诵经、烧香、设斋分明是中国历史上许多宗教共有的活动，怎么会是摩尼教的特点呢？以白莲教为例，所谓的四项“特点”白莲教缺哪一项呢？一项一项说吧：

① 《民间宗教志》，页56。
② 《民间宗教志》，页58。

"结社"——白莲教又称"白莲社"，世祖至元十四年屠觉缘在大都"集善信百余人建白莲社"；"诵经"——白莲教徒诵弥陀经典；"烧香"——《阿弥陀经》要求信众"烧香散华"；"设斋"——《阿弥陀经》要求信众"斋戒清净"。可见马先生说的宋代摩尼教的四项"特点"，白莲教一项都不缺。事实上元代就有人称白莲社为经社。普度在《庐山莲宗宝鉴》中叙述白莲社的历史，袁桷就在《妙果寺记》中说普度"集历代经社缘起，作《莲宗宝鉴》十卷"（见本书第七章）。经社如此，香会亦如此。陆游《入蜀记》称道教太平兴国宫每年八月一日至七日"焚香"作白莲会，"东林亦自作会"，这就是香会。宋、元时期镇江寿邱山麓的龙华会专奉弥勒佛，"每岁三月三日，江淮之民相继来此，焚香设斋供甚盛，数日而后已"（详见本书第九章），这也是香会。我很难理解，这样的经社、香会怎么都成了摩尼教的"异名"？我不否认摩尼教也会结集自己的经社或香会，但摩尼教的经社、香会应该具有诵《二宗三际经》或其他摩尼教经典，奉明尊、摩尼，每日祈祷四或七次，拜日月这样一些真正的摩尼教特点，绝不能把一切经社、香会都归入摩尼教。

由于结集经社、香会是佛、道等多种宗教共有的活动方式，宋、元两朝并不一概予以禁止，否则无异于取缔这些宗教。细读史料便可知晓，宋、元官府禁止的是在家俗人（白衣）结集的经社、香会。本书第三章引的蔡久轩书判中就有这样的敕文："非僧道而结集经社，聚众行道，各杖一百。"据此则僧道结集经社应当是允许的。我们在第三章里还提到元太宗窝阔台时期北方赵郡的白衣经会，那就是非僧道结集的经社，所以也遭到禁止。南北统一以后，元朝律令规定："诸以白衣善友为名，聚众结社者，禁之。"对于耶律楚材《西游录序》中称作"释氏之邪"的"香会"，也应作如是解。耶律楚材是释氏信徒，他不可能反对僧人举办的焚香聚会活动。

迄今为止，没有人否认韩山童信奉弥勒佛，也没有人否认韩山童烧香结会。问题是韩山童在信奉弥勒佛的同时还自称"明王出世"，这个"明王"是摩尼教的明尊呢，还是白莲教本来信奉的阿弥陀佛？主张是明尊的，自然会否认韩山童为白莲教徒，自然会把文章做在摩尼教与弥勒信仰的混合上。吴晗如此，马先生也如此，因而就有了经社、香会是摩尼教的"异名"说和香会是"摩尼教与弥勒信仰的混合教派"说（请注意，马先生这两个说法其实是不一致的）。在跟随马先生绕着经社、香会走了一圈以后，我觉得问题又回到了六十年前吴晗起步的地方。本书第八章和第九章分别讲了元代明教和弥勒净土信仰的情况，虽然重点是讲它们与白莲教的关系，读者仍可根据我们提供的资料比较元代明教与弥勒净土信仰的异同，看看它们两家是否混合了。不过请注意，我说的是比较元代中国的这两家，不是比较公元四五世纪传播于中亚地区的这两家。从源头上讲，摩尼教含有佛教和基督教的成分是不争的事实，但有谁能说摩尼教同佛教或基督教混合了，或者说佛教和基督教通过摩尼教而混合了？

这里再讲一件事。马先生在研究白莲教过程中还发现了一个“元政权并未发现”的白莲道人。此人名袁普昭，其事迹见于《元典章》卷五二《刑部》十四《诈伪·伪造佛经》：

> 元贞二年二月，中书省咨，准河南行省咨。峡州路远安县太平山无量寺僧人袁普昭，自号无碍祖师，伪造论世秘密经文，虚谬凶险，刊板印散，扇惑人心。取讫招伏，于元贞元年十二月十七日奏过：“京南府一个山里普昭小名的和尚，伪造佛经，那经里写着犯上的大言语有，交抄与诸人读有。”么道。今夏南京省官人每与将文书来呵，俺上位奏了，差人与宣政院官一同问去来。如今问将来也是实有，和他一处做伴当徒弟每总廿四个人，那的内廿一个和尚、三个俗人。普昭小名的和尚根脚里造伪经来，着木头雕着自己的形，伪用金妆着，正面儿座着，左右立着

神道，那经里更有犯上的难说的大言语。又印写的其间向前做伴当来的两个和尚，这三个的罪过重有。商量来，奏呵。奉圣旨：敲了者。

对《元典章》的记载，马先生作如下阐述：

袁普昭是袁氏道号，故上文中云其为“小名”，为白莲道号无疑。住无量寺，自号无碍祖师，都与白莲教相契合。无碍祖师亦为净土宗语，弥陀佛又称无碍光佛。……普昭自称无碍祖师，又刻自己木像，饰以金妆，分明是自比弥陀佛，以耸动俗人视听。……从现有史料来看，说他是元代白莲道人中第一个“谋逆”者也不为过。但是元政权并未发现袁普昭为白莲道人。①

马先生的阐述，我不赞同。首先，袁普昭是僧人而非道人，这在奏议中讲得很清楚；如是道人，就会被列入“俗人”。当然，白莲教中也有僧人，普度及其徒果满、果贵都是。但是，要说袁普昭是白莲教的和尚，我仍不敢苟同，因为证据不

① 《民间宗教志》，页49。

足。我已讲过，单凭取名不能证明谁是或不是白莲教徒。我在本书第五章中，曾以徽州郑玉家的西莲社和大德年间武昌路江夏县的西莲社为例，说明那时白莲教并没有涵盖一切弥陀净土念佛活动，在白莲教之外还存在其他弥陀净土念佛组织，包括传统的净土宗寺院。袁普昭名中有普字，又信奉阿弥陀佛，是否就能认定他是白莲教徒呢？不能。从逻辑上讲，把一个不确定的因素与另一个不确定的因素加在一块，其结果仍然是不确定。明白地说，除非能够证明白莲教以外信仰弥陀的僧人不可能以普字取名，或者白莲教外以普字取名的僧人不可能信奉弥陀，否则不能确认袁普昭必为白莲教僧人。而且，我们应该想到，成宗时期白莲教一再受到政府扶助封赏，东林寺受赐“白莲宗善法堂”就在元贞元年（1295）正月（参看本书第三章）。这时的白莲教完全是公开的合法的组织，袁普昭如果是白莲教徒，根本不需要掩饰，因而也不存在被不被政府发现的问题。再有，马先生否定韩山童为白莲教徒的理由之一是其祖籍和传教之地“没建造过任何白莲忏堂”，为此马先生问道：“白莲教从何而来呢？”然而，在袁普昭所在的远安县（今属湖北）以至今天的湖北全境，我们也没有找到建造过任何白莲忏堂的记载，是否也应该问一句：袁普昭这样的白莲教徒“从何而来”呢？

我这样直言不讳地向马先生提问，是想坦陈我同马先生在治学方法上的差异。马先生是不受史料约束的，他可以否定史籍记载为白莲教徒的人是白莲教徒，也可以发现史籍未言为白莲教徒的人是元政府未发现的白莲教徒，这在我是做不到的。为什么？因为我所遵循的研究方法决定了我不会这样做。我认为，对一个从事历史研究工作的人来说，永远要把客观地、谨慎地对待历史记载放在工作的首位。历史记载当然不都可信，但否定要否定得有理，否定得有据，不能回避。以韩山童问题而论，怎么能回避《元史》的两条记载呢？特别是《张桢传》的记载，那是从张桢奏疏引出的，怎么可以避而不谈呢？如果说不谈是因为张桢的话不可信，那就应该说说不可信的理由，不能绕过去。当然，吴晗也没有引张桢的话，但我相信吴晗不是故意躲开，而是因为没有读到或读书不细。马先生应该是读到的。

仍以袁普昭为例，今天的研究者当真能够发现连元政府都没有发现的白莲教徒么？这里的困难不仅在于证明袁普昭为白莲教徒，还在于证明“元政权并未发现”袁普昭为白莲教徒。因为我们即使能够证明袁普昭为白莲教徒，也不等于证实了“元政权并未发现”其为白莲教徒。由于各种原因，史料（包括官府公文）不记或脱载某些事项是常见的现象，不能因为某篇史料未记某事就推断该篇史料的撰述者不知或未发现某事。例如，在记述杜万一事件的五种记载中只有一种记了杜万一利用白莲教（详见本书第六章），我们能够因此推断姚燧、苏天爵等都不知杜万一与白莲教有关吗？同样道理，邹普胜为白莲教徒今天应无异议，但元末明初提到邹普胜的官私方记载无一称邹为白莲教徒，我们能够因此宣称当时官私方均未发现邹为白莲教徒吗？

我讲这些，或近于苛求，但研究具体的历史问题不能不在史料的分析和利用上严格对待；不像研究宏观问题，有些细事可以放开不论。

第十二章
“明王出世”与大明国号

- “明王”即阿弥陀佛
- “明王出世”与“大明”国号的出典
  ——《大阿弥陀经》

吴晗关于韩山童非白莲教徒的论断，产生于他对“大明”国号及“明王出世”口号来源的推测。我们在论证了韩山童为白莲教徒之后还应该辨明韩山童等宣扬的“明王”究竟指什么，“明王出世”究竟出于何典，否则前论不能算是确论。

最早对“明王”作出解释的或许是顾炎武（1613—1682），他在《天下郡国利病书》中说：

达摩传至六祖，有禅宗《金刚经》，……士夫亦喜观之。白莲教去其繁文，止歌演其咒，以焚香聚众，称孔雀

> 明王，其流祸惨矣。①

明代白莲教中未见有称“孔雀明王”或“明王”的人，顾炎武又说“流祸惨矣”，分明是追言元末韩山童父子事。据唐释不空（705—774，天竺婆罗门族）所译《佛母大孔雀明王经》，孔雀明王为女性，元代白莲教从不牵涉孔雀明王，顾炎武的说法纯属臆测。不过，顾说虽属臆测，却提醒我们注意一件事：中国宗教史上“明王”不少，密宗就有不动明王、大威德明王等等，不能见到随便哪个明王便拿来同韩氏父子的明王合上。我们已经看到，在高岱《鸿猷录》和何乔远《名山藏》中，都是将韩山童以“白莲会”惑众和“明王出世”的口号并提的，而《元史》既讲了韩山童“始结白莲”，也讲了韩林儿号小明王，所以我们应该循着白莲教这条线索去找韩氏父子的“明王”。我认为，这个“明王”就是阿弥陀佛，其出典就是《大阿弥陀经》。请看下面这段经文：

> 佛言：阿弥陀佛光明明丽快甚，绝殊无极，胜于日月之明千万亿倍，而为诸佛光明之王，故号无量寿佛，亦号

① 《天下郡国利病书》卷一一八《交趾》。

> 无量光佛、无边光佛、无碍光佛、无对光佛、炎王光佛、清净光佛、欢喜光佛、智慧光佛、不断光佛、难思光佛、难称光佛、超日月光佛。其光明所照，无央数天下幽冥之处皆常大明。①

我们已经知道，茅子元曾撰《弥陀节要》，白莲教宣扬“弥陀出世”，《庐山莲宗宝鉴》有“念念弥陀出世，处处极乐现前”和“念念弥陀出世，心心菩萨放光”的话。② 元代中期，在经历了禁教、复教之后，“弥陀出世”在白莲教的宣传中似乎得到进一步的强化。在《庐山白莲正宗昙华集》中有这样五首诗：

> 一句弥陀容易持，朝昏记念勿相离。念来念去心花绽，便是弥陀出世时。（《一句弥陀》）
>
> 弥陀出世化娑婆，多少无缘自蹉过。信得及时无别事，头头步步是弥陀。（《弥陀颂》）
>
> 法王出世令当行，地震山摇海岳倾。静听一声狮子

① 王日休校辑《大阿弥陀经》卷上《十三佛号分第十三》。

② 《庐山莲宗宝鉴》卷二《离相念佛三昧无住法门》（《汇编》页 35）；卷六《净业道场》（《汇编》页 109）。

吼，诸方惊杀野狐精。(《千种弥陀》)

我念弥陀是法王，天开群象日当阳。亲提慧剑金刚焰，外道闻风尽丧亡。(《我念弥陀》)

我念弥陀彻十方，十方唯我法中王。目前净秽俱无碍，搕𢶍堆头也放光。(《我念弥陀》)①

在这五首诗中，第一、二首讲“弥陀出世”，第四、五首称弥陀为法王，故而知道第三首的“法王出世”就是“弥陀出世”。既然《大阿弥陀经》称阿弥陀佛为“诸佛光明之王”，“弥陀出世”自然就是“明王出世”。这就是白莲教本身具有的“明王出世”说，从茅子元到普度都宣传这一说，它同孔雀明王和明教的明尊、明使均不相干。而且，经过这些诗的渲染，“弥陀出世”已不仅仅是来迎世人往生西方，而是要化娑婆、除外道了。

应该指出，上引《大阿弥陀经》的话并非出于三国时代支谦译的那个本子，而是出于宋高宗绍兴年间居士王日休的“校辑”本。王日休在序文中称，他鉴于先前的弥陀经典译本过多，“其大略虽同，然其中甚有差互，若不观省者。又其文或

① 上引五诗依次见于《汇编》页225、218、234、243。

失于太繁，而使人厌观；或失于太严，而丧其本真；或其文适中，而其意则失之。……予深惜之，故熟读而精考，叙为一经，盖欲复其本也”。我们引出的一段话，在支谦译的《阿弥陀经》和康僧铠译的《无量寿经》中都可以找到依据。支谦的译文作：

> 第二十四愿：使某作佛时，令我顶中光明绝好，胜于日月之明百千亿万倍，绝胜诸佛光明。焰照诸无央数天下幽冥之处皆当大明。……
>
> 佛称誉阿弥陀佛光明极善，善中明好甚快无比，绝殊无极也。阿弥陀佛光明清净，无瑕秽，无缺减也。阿弥陀佛光明姝好，胜于日月之明百千亿万倍，诸佛光明中之极明也，光明中之极好也，光明中之极雄杰也，光明中之快善也，诸佛中之王也，光明中之极尊也，光明中之最明无极也。焰照诸无数天下幽冥之处皆常大明。

在康僧铠的译文中有以下一段：

> 佛告阿难：无量寿佛威神光明最尊第一，诸佛光明所不能及。……是故无量寿佛号无量光佛、无边光佛、无碍

光佛、无对光佛、炎王光佛、清净光佛、欢喜光佛、智慧光佛、不断光佛、难思光佛、无称光佛、超日月光佛。

王日休校辑的《大阿弥陀经》问世后流传较广，普度在《庐山莲宗宝鉴》中屡加引用。我引的这段见于《宝鉴》卷一〇《辩明超日月光第十七》，文字略有变动，但“为诸佛光明之王”，“其光明所以照，无央数天下幽冥之处皆常大明”这样的关键性语句均在。

从《大阿弥陀经》不仅找到了“明王”，也找到了“大明”。用《大阿弥陀经》来解释韩氏父子称号“明王”和朱元璋国号“大明”的来源，显然比用摩尼教经典来解释合理多了。西方科学界有一条适用范围颇广的“节俭律”，按照这条定律，对事物最可能最简捷的解释就是最好的解释。这条定律又被称为奥坎姆剃刀，是根据十四世纪一位英国哲学家兼神学家威廉·奥坎姆的姓氏命名的。[①] 我们已经看过吴晗是怎样费力地用摩尼教经典解释韩氏称号和朱氏国号的来源的：他先用大量篇幅论述明教与白莲社混合，再反过来斥责《元史》史官

① 《奇事再探》，[美] C. J. 卡佐、S. D. 斯各特合著，陈元璋等译，知识出版社，1983 年。

编造“饰辞”，以至陷入循环论证、自相矛盾的境地。如果改用《大阿弥陀经》来解释，事情便省力多了，既不需要强使明教与白莲教混合，也不会无端斥责史官，与历史记载吻合，顺理成章。我们还可以把考证“明王”比做猜谜，谜面就是《元史》、《鸿猷录》和《名山藏》的记载。由于三书都说韩氏为白莲教徒，揭出的谜底只能是阿弥陀佛，如此才能与谜面相合。如果依着吴晗，那就需要修改谜面了，所以他断言《元史》的记载为史官之“饰辞”。猜谜的规则是遵循谜面，哪有拿着自拟的谜底要求修改谜面的道理呢？

白莲教徒韩山童所倡言的“明王出世”只能出自本教信奉的经典。虽然元末的白莲教徒相当多地信奉弥勒佛，但阿弥陀佛不会立刻从白莲教徒的信仰中消失得无影无踪。韩山童既宣扬“弥勒下生”又宣扬“明王出世”，正反映了从元代中叶开始的白莲教演变过程。今天学术界普遍承认宋元白莲教崇奉阿弥陀佛，入明以后的白莲教主要崇奉弥勒佛，因而说中间有个演变过程也是合乎事物发展的逻辑的。

朱元璋据佛典取国号也很自然。他年青时当过和尚，经营江南后对佛教常予关注，对《大阿弥陀经》这一最普通的经典（无人能够证明韩山童、朱元璋了解明教经典）和韩林儿称号“小明王”的出典不会无知，建国后也从不讳言自已曾寄身佛门。他从《大阿弥陀经》撷取“大明”二字为国号，从最易为人理解的意思讲，是向臣民表示在经历了一次人民“酷信弥勒之真有，冀其治世，以苏困苦”（1366 年朱元璋讨张士诚檄）的大动乱之后，新皇朝的建立是光明世界的到来，从此天下“大明”。就朱元璋个人讲，未尝不是对自己出身佛徒的一个纪念，因为自古以来由僧人而掌有天下的仅他一人，如果真有“诸佛光明之王”问世，这个“明王”舍他其谁?

朱元璋从戎之初投靠郭子兴，郭子兴很可能是白莲教徒，[1] 朱元璋难免受其影响。不过朱元璋比较早地看出了靠白莲教不能成事，他在讨张士诚的檄文中自称“予本濠梁之民，初列行伍，渐至提兵，灼见妖言不能成事，又度胡运难与立功，遂引兵渡江”。我相信这段话是他对自己渡江时（至正十五年夏）思想的真实写照，并非谎言。今天我们能够读到的龙凤年间朱元璋境内文人留下的未经删改的记载不算少，[2] 没有任何迹象透露出他曾宣扬过“弥勒下生”之类的东西。他对韩林儿也只是维持名义上的君臣关系。作为元末社会大动乱的亲身经历者，朱元璋深知不受国家管束的宗教组织的厉害，所以登上帝

① 参看拙作《龙凤年间的朱元璋》，《元史论丛》第四辑，页 196。

② 参看《元代农民战争史料汇编》下编。

座后决意禁绝这类教门。洪武三年六月他准中书省臣奏，禁“白莲社、明尊教、白云宗”等“左道”。[①] 洪武七年颁布的《大明律》再次规定禁“妄称弥勒佛、白莲社、明尊教、白云宗等会”。[②] 但要注意，朱元璋禁的是白莲教，并非禁止传统的弥陀净土信仰，供奉阿弥陀佛仍然是合法的。忽略了这一点就无法理解大明国号的出典。

以上关于“明王出世”和大明国号出典的解释，基本上是我在论文《元代的白莲教》中讲过的。现在再讲，一方面是本书的性质使然（本书是那篇文章的扩充），另一方面也是为了面对学术界的不同意见。二十年来我的观点得到一部分同行的赞同和引用，也受到另一部分同行的质疑和反对，故而有必要再加讨论。我在讨论中不断辨析吴晗的观点、论据和研究方法，是因为有些研究者至今过分倚重吴晗，对近数十年积累的新资料不予重视。有的研究者既不认真审读吴晗的文章，也不想理解我和吴晗的分歧症结，以为只要把我和吴晗的意见调和一下便可产生正确的结论。例如，李尚英先生在1996年出版的《中国历史上的民间宗教》一书中写道：

---

① 《明太祖实录》卷五三。

② 《大明律》卷一一《礼部·禁止师巫邪术》。

> 目前，史学界普遍认为，白莲教形成于元末，但对其如何形成尚存在一些分歧。一种意见以吴晗先生为代表，认为白莲教是白莲社与明教融合的产物；另一种意见以杨讷先生为代表，认为白莲教与明教（即摩尼教）本为互不相涉，“在元代中后期渗入白莲教并且终于使它大为改观的，是弥勒净土信仰”。这两种意见都有一定道理。但从当时社会上存在着的各种宗教及其对白莲教形成过程中的影响来看，把上述两种意见糅合在一起，似乎就更为全面了。

隔了十余行，李先生又说：

> 如把上引杨讷先生的话改为：“在元代中后期渗入白莲教并且终于使之大为改观的，是弥勒降生、明王出世信仰”，恐怕更为符合历史实际。①

李先生的意见使我既茫然又惊讶。第一，我完全不知道“目前史学界普遍认为白莲教形成于元末”。如果真是这样，我

① 《中国历史上的民间宗教》，页10—11。

只能声明我不在“普遍”之列，理由只要浏览一下我在二十年前的文章就能明白。同时我要说吴晗也不属于这个“普遍”，因为他的意见发表于六十年前，他也不认为白莲教形成于元末。第二，李先生在同书第 6 页上刚说过“目前史学界大多认为白莲教创立于南宋初年，创始人是茅子元”，怎么到了第 10 页上又说“目前史学界普遍认为白莲教形成于元末”？难道“大多”不代表“普遍”，“形成”有异于“创立”？第三，吴晗从来没有讲过“白莲教是白莲社和明教融合的产物”，请再看一遍他的《明教与大明帝国》和前后两版《朱元璋传》。第四，我从不否认韩山童等宣扬“明王出世”，我只是主张“明王”即阿弥陀佛，“明王出世”是白莲教自有的信仰，并非来自明教。对我来说，根本不存在明王出世信仰“渗入”白莲教的问题。因此，我希望李先生先把以上四点加以澄清，然后说明我的意见同吴晗哪一种意见可以“糅合在一起”。

在学术研究中有不同意见是十分正常的，但随随便便永远不是学术工作者应有的治学态度。

第十三章
余　论

● 白莲教还是白莲宗
——白莲教的正名

在以白莲教为题写了十余万字之后才提出正名问题，可能使许多读者不解，但我必须提，而且只有放在书尾才能讲清楚。

我想到这个问题，是由日本竺沙雅章教授提醒的。1989 年中华书局出版了我编的《元代白莲教资料汇编》。1991 年 10 月，竺沙教授在提交中日第四次佛教学术会议的论文中对《汇编》提出几点宝贵意见，论文后来发表在《世界宗教研究》1992 年第 2 期上，题为《关于白莲宗》。竺沙教授提出的意见之一是，《汇编》“虽题目作白莲教，但内容大部分是白莲宗的资料”。他认为，茅子元创立的是白莲宗，元末以降唱弥勒下生者才是白莲教，两者不能混同。对他的意见，我写了一篇答覆，题为《关于元代的白莲宗或白莲教》，收在《周一良先生八十生日纪念文集》（中国社会科学出版社 1993 年出版）里。那本论文集印数不多，读者未必都能找到，现在我又以白莲教为题出这本专书，再谈一下正名问题应该是必要的。

在日本最先提出要区分元代的白莲宗与白莲教的是小川贯弌，他在 1944 年发表的《元代白莲教的刻藏事迹》中专有一节题为《白莲宗与白莲教的差别》。按照小川的意见，白莲宗仅指一些像庐山东林寺那样有名僧指导和严格教义的白莲社会(为了避免与我们讨论的问题混淆，我暂且避开宗、教二字，借用普度的话，概称为“白莲社会”。——杨注)；反之，那些在民间流传很广但教义浅薄、无名僧指导的白莲社会，只能称作白莲教，而非白莲宗。小川的文章叙述仁宗延祐年间福建建阳后山白莲都掌教报恩万寿堂的刻藏事迹，他认为这个堂是教义浅显、无名僧指导的大众信仰团体，故而属于白莲教；他的论文题目就表明了这一点。在小川之后，小笠原宣秀也主张区分白莲宗和白莲教，他在《中国近世净土教史的研究》一书中反复讲述白莲宗与白莲教的异同。

竺沙教授与小川贯弌虽然都主张区分白莲宗与白莲教，但他们两人用以区分的准绳是不同的。竺沙说：“在近年的研究中，多把茅子元创立的白莲宗与元末以降所谓的白莲教混同，其实从两者信仰的内容来说，弥陀与弥勒有重大不同，因此在研究上应明确它们的差异。”这就是说，元末以前信仰弥陀的白莲社会为白莲宗，元末以降信仰弥勒的白莲社会为白莲教。这样一来，同一个白莲堂庵在小川和竺沙那里就会得到不同的归属。例如，被小川视为白莲教的那个报恩万寿堂，按照竺沙的标准就应该归入白莲宗。依此类推，本书列举的由白莲道人主持的信奉弥陀的五堂三庵，都会遇到同样的问题。

造成问题的原因是什么？我看根本的原因不在他们使用了不同的准绳，而在他们进行区分时都离开了当时的历史实际。要知道“白莲教”和“白莲宗”都是历史上的称谓，其内涵是那时已经确定了的，不能根据我们今天的需要另作规定。

“名从主人”。我们先来看看“白莲宗主”普度是怎样称谓本宗的。在《庐山莲宗宝鉴》中，普度称白莲宗为“白莲之教”（《汇编》页30），又简称为“莲教”（《汇编》页31）。据袁桷《妙果寺记》，至大元年普度面见仁宗（当时尚在东宫）时说的是“惟莲教坠绝，愿殿下振复”（《汇编》页261）。一册《庐山复教集》，所要复的就是“莲宗之教”、“莲教”（《汇编》页181、199）。在《庐山白莲正宗昙华集》中，“白莲正宗”又称“白莲正教”（《汇编》页242）。这些都是白莲宗僧人称本宗为白莲教的证据。僧人之外，文人儒士如张仲寿，也称白莲宗为“莲教”(《庐山莲宗宝鉴》跋,《汇编》页170)。张仲寿还指出,“群不逞辈指莲宗而聚众”,这就是说,那些非正统的白莲社会也称自己是“莲宗”。在《元典章》中,仁宗下的保护建阳报恩万寿堂的诏旨置于“白莲教”栏目下。可见,“莲宗”和“莲教”在元代是互相通用的,它们是同义词,使用时并无褒贬高低之分。普度说彰德朱帧宝、柳州高仙道“非本教念佛之人”(《汇编》页184),如果当时确有白莲宗与白莲教之分,普度就会改说朱、高两人“非本宗念佛之人”了。

元代白莲教(白莲宗)情况很复杂,其称谓也不仅是莲宗和莲教,还称白莲社(《元史》记至大元年“禁白莲社”)、白莲会(杜万一“指白莲会为名作乱”),指的都是以白莲为名的宗教社会。我们还在《大明律》中看到,明初仍称白莲教为白莲社。白莲教(宗)的派别、信仰,并不以称宗称教或称社称会标志出来。我们的研究只能如实地反映当时的情况,如果自立标准加以区别,必将增添更多的麻烦。这就是本书仍以白莲教为题的原因。

后　记

感谢上海古籍出版社给予照顾，让我在交稿一个月内就拿到校样。校读余暇想起一些事，需要向读者交代几句。

近些年我大部分时间伴随爱妻郑启吟客居温哥华。温哥华是个美丽的城市，有山有水，气候宜人。我们住的那条街远离喧嚣，非常适合读书、思考和写作，我在那里也写过两篇小文章。但是，如果真要做点研究，困难就来了，主要是资料欠缺。我从大学毕业到退休，先后在中国社会科学院历史研究所和中国国家图书馆工作，这两个单位藏书极富，使我养成不见第一手资料便不能做研究的习惯。现在条件变了，在新的环境里怎样还能做点研究呢？左思右想，选择了加深和扩充过去的研究这条路。最便捷的项目有两个，一个是给元末明初的刘基写传，一个就是写《元代白莲教研究》这本小书。两个项目都有过去积累的资料，也都写过论文，可以减少因资料短缺而造成的困难。于是我断断续续、不慌不忙地进行写作，而且是两书交叉着写。等到两书各写成七八成的时候，我发现在温哥华定稿是不可能的，至少有些材料需要再核对原书。因而我回到北京，工作两个多月，先完成了这本小书。给刘基写的传尚待努力。

校读的过程实际上是又一次自审。这本小书在资料的搜集上我自认为是比较丰富的，在问题的辨析上我自认为是尽了力的，但在吸收前人的研究成果特别是近几年发表的成果上则肯定有缺失。一个突出的例子是，直到去上海交稿前一天，我才从国家图书馆善本部李际宁先生那里见到竺沙雅章教授在 2000 年出版的《宋元佛教文化史研究》。竺沙教授是我敬佩的日本学者，他的这本书有几十页讲到白莲教，但我已经没有时间汲取他的成果了，因为没有别人的帮助，我自己读不了日文。从这个例子联想到我对国内史学界近几年这方面的成果也不尽知情，非常不安。

记得在北大念书的时候汪篯先生对我们讲过，写了东西不要急于发表，放段时间再拿起来看看，多放多看多改，等到自己觉得确实成熟了再交出去。汪先生对我们的教导不少，我记得最清楚的是上面这段话，自问从业以来自己基本上也是照着做的。当然，自认为成熟的东西未见得真的成熟，但总比自己明知不成熟还拿出去发表的东西要好一些。岁月匆匆，汪先生去世已近四十年，我由一个年轻学生步入老朽之列。今日的学术界远非昔比，在一个看得见摸得着的机制驱动下，年逾九旬的老者可以同时指导二十多个研究生，年纪少者一年可以著书数本。面对这样的学术跃进，说什么多放、多看、多改，显然不合时尚。不过，持汪先生那种意见的毕竟还有人在，学术界、出版界都有，我这本书的责任编辑蒋维崧先生也是一位。我同蒋先生相识于二十世纪八十年代初，共同为《中国历史大辞典·辽夏金元史卷》的编写出版效力。那时蒋先生大学毕业未久，很年青，工作认真谨慎，给我们这些编委留下良好印象。此后二十年里，不知他又为人做了多少次嫁衣。这次出版我这本书，从书名、收图、文字到校对，他都提出不少很好的意见。在此谨向他致以谢忱。

杨　讷

2004 年 2 月 20 日

本书初版于 2004 年，系繁体字本。此次再版，除增补元人文章一篇及改正少量错字外，余无改动。

增　补

《全元文》卷一〇一八所收重要文献一篇

杜本《江源复一堂记》

自建阳考亭而出豫章，而佛宫相望，惟后山万寿堂最为雄甲。食指之众，虽名山大刹、禅林丛席，无以相远。又西去江源樵川之界，则为复一堂，盖与后山同其宗教者也。宋端平（1234—1236）间，有普照导师钱觉诜自淮甸行化至闽，喜其山水之秀，风俗之美，宜修净土。得里人陈显及善长者施地，乃建堂设像，宏宗阐教，以化导其人。于是捐金帛、割田园者，施与日集，以安其众。至淳祐戊申（1248）之春，付法于其子觉旷，说偈别众，端坐而化。觉旷又善继述，营缉修崇，有引无替。至元丙子（1276）师示寂，堂毁于兵。其弟子黄觉化扫除瓦砾，收其余遗，延集净侣，复旧为新，视昔有加焉。觉化归寂又二集，传为熊觉寿，尤能善巧方便，开演法事。所至之处，敬礼崇奉、施财捐金者，水涌坌集。故前所未备者，经营图度，圆满成就，金身佛像，帝释诸天，相好庄严，礼念观想，宛然极乐净土矣。至于修敬之庭，燕处之室，斋房寝舍，廪库厨圊，位置有经。前临广术，后倚崇冈，山峰环列，涧水锵鸣，行者顾瞻，止者斋肃。岁时云集善众，燃炬修斋，宣扬经忏，祝延皇上无疆之寿，与民消殄氛而集福祥，屡拜玺书加护。皇庆癸丑（1313），仁宗皇帝在御，特赐玉音，与后山万寿堂同被恩宠，俾其教大行。于是十方慕善之士，愿欲修持西方佛观者，咸师宗之。延祐丁巳（1317）五月九日，觉静命集徒侣，付其法于弟子王觉真，萧然逝化。予当道过其处，觉真延引清坐，且言兴替之由，欲为记其始末，以俟夫后来，使知成之不易。且仰观夫高闳之宇，俯思夫香馥之盂，无寒暑饥渴之忧，有清净解脱之乐者，其有由来也矣。予悦觉真之言，知所本始，且能劬躬践行，谨愿端悫。而于物无竞，勤俭累积，以安养其众。觉真既西逝，则为今郑觉琼，尤能持戒坚确，增广前规。而友蒋君汝晦居与相邻，知之为悉，乃录其事如此，故得以次第记之。盖白莲宗社者，由晋惠远法师与南昌雷次宗、广武周续之等凡十八人，结社庐山，僧俗从之者数千人。朝廷敕九江太守给食，桓伊为建东林寺以居之，谢灵运凿石种白莲花，因以名社。或者取其“出污泥而不染”之意欤？其后有僧子元缉次《大藏经》语以为忏文，俯仰拜兴，抑扬唱诵，恳祈往生西方极乐世界。而香山居士、周中立之徒，戴弥陀度弟子数千人，以“普觉妙道”四字为名。姚宗叶柳为四宗，若普照导师钱公，皆其杰然有所建立者也。然在先王之时，四民六卿、三采五比、一井二牧、三屋九夫、三史六联、五侯九伯、五典十义、六德六行，所以成就其民者，无不周备。至于读法饮射，无非教也；沃盥播洒，无非学也。故廉耻兴而风俗厚，人材盛而道义明，不必从事于他术。自井田最先废，凡先王教养之具尽坏，始各以才智为食，百家之说遂横骛于天下，独以人性之善者，终不可得而泯。佛乃乘王道废弛之余，因人性之善而诱导之。又有直指人心、成佛之易，且从之者，皆得安居以食。若白莲一宗，乃张逸民、周续之、镏遗民诸君子悯世昏浊，并欲招致陶靖节诸公以重其社。故能不绝君臣父子之大伦，不废农工商贾之恒业，无毁形易服之弊，无诡道惑众之说，去纷华盛丽之观，却肥甘脆美之养，而褒衣巍冠，传宗立教相规警，父子兄弟，守戒律如金科玉条。其所愿者，惟绝嗜欲以资福田，摄意念以成佛果耳。既不伤于王化，又与齐民同出贡赋，以供公上，其亦可以反古之道欤？倘靖节而在社，必使□耔诵读修己，俟夫挟怀朴素以复乎古初，贞洁直谅而一于纯诚，使世知夫夺攘贪墨之为大恶，趋谒逢迎之为深耻，亦可顺帝之则而葛天无怀之民矣。是不可以无述也，故为之记。编修京兆杜本撰。（明嘉靖三十二年《建阳县志》）

引用书目

庐山莲宗宝鉴　普度　续藏经本

庐山复教集　果满　影元本

庐山白莲正宗昙华集　果满　元刻本

阿弥陀经　支谦译　高雄净宗学会印《净土五经读本》

无量寿经　康僧铠译　高雄净宗学会印《净土五经读本》

观无量寿经　畺良耶舍译　高雄净宗学会印《净土五经读本》

大阿弥陀经　王日休校辑　高雄净宗学会印《净土五经读本》

观弥勒菩萨上生兜率陀天经　沮渠京声译　台北圆明出版社印《弥勒净土真义阐述》

弥勒大成佛经　鸠摩罗什译　台北圆明出版社印《弥勒净土真义阐述》

毗卢大藏经　元刻本

续高僧传　道宣　上海古籍出版社 1991 年影印《高僧传合集》

宋高僧传　赞宁　上海古籍出版社 1991 年影印《高僧传合集》

龙舒增广净土文　王日休　续藏经本
乐邦文类　宗晓　续藏经本
乐邦遗稿　宗晓　续藏经本
释门正统　宗鉴　续藏经本
历朝释氏资鉴　熙仲　续藏经本
佛祖统纪　志磐　续藏经本
山庵杂录　无愠　续藏经本
元史　宋濂等　中华书局点校本
明太祖实录　台湾历史语言研究所校印本
明公书判清明集　中国社会科学院历史研究所点校　中华书局1987年版
元典章　影元本
通制条格　影明本
大明律　法律出版社1998年版
名山藏　何乔远　影明本
鸿猷录　高岱　纪录汇编本
庚申外史　权衡　豫章丛书本
国初群雄事略　钱谦益　中华书局1982年版
天下郡国利病书　顾炎武　中国国家图书馆藏清抄本
西游录　耶律楚材　中华书局1981年版向达校注本

黄氏日抄　黄震　耕余楼刊本
南村辍耕录　陶宗仪　中华书局1959年版
至正直记　孔齐　粤雅堂丛书本
陆游集　中华书局1976年版
叠山集　谢枋得　四部丛刊本
须溪集　刘辰翁　文渊阁四库全书本
蒙川遗稿　刘黻　文渊阁四库全书本
潜斋集　何梦桂　文渊阁四库全书本
勿轩集　熊禾　文津阁四库全书本
国朝文类　四部丛刊本
湛然居士文集　耶律楚材　四部丛刊本
桐江集　方回　元代珍本文集汇刊本
桐江续集　方回　文渊阁四库全书本
水云村泯稿　刘埙　清道光十八年爱余堂刻本
秋涧先生大全文集　王恽　四部丛刊本
牧庵集　姚燧　四部丛刊本
揭傒斯全集　上海古籍出版社1985年版
圭斋文集　欧阳玄　四部丛刊本
归田类稿　张养浩　清乾隆五十五年周氏刻本
程雪楼文集　程钜夫　清宣统二年陶氏涉园刻本

道园学古录　虞集　四部丛刊本
清容居士集　袁桷　四部丛刊本
俟庵集　李存　文津阁四库全书本
滋溪文稿　苏天爵　适园丛书本
惟实集　刘鹗　乾坤正气集本
圭峰集　卢琦　文渊阁四库全书本
黄金华文集　黄溍　四部丛刊本
师山先生文集　郑玉　乾坤正气集本
石初集　周霆震　豫章丛书本
不系舟渔集　陈高　敬乡楼丛书本
玉山璞稿　顾德辉　读画斋丛书本
东山存稿　赵汸　清康熙赵吉士刊本
东维子文集　杨维桢　四部丛刊本
夷白斋稿　陈基　四部丛刊本
宋文宪公全集　宋濂　清嘉庆十五年刊本
朱一斋先生文集　朱善继　明成化刊本
贞素斋文集　舒頔　清道光戊戌刊本
云阳李先生文集　李祁　中国国家图书馆藏抄本
槎翁诗集　刘崧　文渊阁四库全书本
陶学士文集　陶安　明弘治十三年刊本

危太朴文集　危素　嘉业堂刻本
春雨轩集　刘炳　明嘉靖刊本
白云文稿　唐桂芳　明正德刻唐氏三先生文集本
岘泉集　张宇初　文渊阁四库全书本
牧斋初学集　钱谦益　上海古籍出版社 1985 年版
鲒埼亭集　全祖望　四部丛刊本
至顺镇江志　俞希鲁　江苏古籍出版社 1990 年版
弘治徽州府志　彭泽　上海古籍书店影印本
正德瑞州府志　熊相　原刊本
嘉靖邵武府志　陈让　上海古籍书店影印本
嘉靖建宁府志　范嵩　上海古籍书店影印本
嘉靖宁州志　龚暹　原刊本
嘉靖兴国州志　唐宁　抄本
隆庆丹阳县志　马豸　原刊本
万历南昌府志　范涞　明刊残本
万历湖广总志　徐学谟　原刊本
万历杭州府志　陈善　原刊残本
康熙安庆府志　张楷　影印本
同治瑞州府志　黄廷金　原刊本
民国庐陵县志　王补　民国九年刻本

新元史　柯绍忞　中国书店影印本

汉魏两晋南北朝佛教史　汤用彤　中华书局1983年版

中国佛教史第三卷　任继愈主编　中国社会科学出版社1988年版

读史札记　吴晗　生活·读书·新知三联书店1956年版

朱元璋传　吴晗　上海三联书店1948年版（收入《吴晗史学论著选集》第四卷，人民出版社1988年版）

朱元璋传　吴晗　三联书店1965年版

两宋农民战争史料汇编　何竹淇　中华书局1976年版

元代农民战争史料汇编　杨讷、陈高华、朱国炤、刘炎　中华书局1985年版

元代白莲教史料汇编　杨讷　中华书局1989年版

民间宗教志　马西沙　上海人民出版社1998年版　《中华文化通志》第九典

中国历史上的民间宗教　李尚英　广东人民出版社1996年版

泉州宗教石刻　吴文良　科学出版社1957年版

摩尼教流行中国考　王国维　见《王国维遗书》第四册《观堂别集》卷一，上海古籍书店1983年影印本

摩尼教入中国考　陈垣　《北京大学国学季刊》一卷二号（1923）

现在华北秘密宗教　李世瑜　辅仁大学1948年印

元代的白莲教　杨讷　《元史论丛》第二辑，中华书局1983年

福建晋江草庵摩尼教遗迹探索　李玉昆　《世界宗教研究》1986年第2期

苍南元明时代摩尼教及其遗迹　林顺道　《世界宗教研究》1989年第4期

弥勒信仰在佛教初入中国的阶段和其造像意义　周绍良　《世界宗教研究》1990年第2期

东晋南北朝时期的佛教结社　郝春文　《历史研究》1992年第1期

龙凤年间的朱元璋　杨讷　《元史论丛》第四辑，中华书局1992年

关于元代的白莲宗或白莲教　杨讷　见《周一良先生八十生日纪念论文集》，中国社会科学出版社1993年版

初期的白莲教会　（日）重松俊章　中译文见《食货》半月刊第一卷第四期，1935年

元代白莲教的刻藏事迹　（日）小川贯弌　《支那佛教史学》7—1，1944年

元代普度撰《上白莲宗书》的历史意义　（日）安藤智信　《佛教的历史和文化》，1980年

元朝色目人亦黑迷失的佛教活动　（日）北村高　《木村武夫教授古稀纪念·僧传的研究》，永田文昌堂 1981 年

关于白莲宗　（日）竺沙雅章　《世界宗教研究》1992 年第 2 期《第四次中日佛教学术会议专辑》

摩尼教流行中国考　（法）伯希和、沙畹　中译文见冯承钧译《西域南海史地考证译丛》八编

福建摩尼教遗迹　（法）伯希和　中译文见冯承钧译《西域南海史地考证译丛》九编

白莲教与白云教研究　（法）伯希和　中译文见江苏省立教育学院研究室编《研究季刊》第一期，1944 年